Sonntäglich leben

EIN SPIRITUELLER BEGLEITER

herausgegeben von Martin Schmeisser

Eschbach

Bibliographische Information der Deutschen Nationalbibliothek:
Die Deutsche Nationalbibliothek verzeichnet diese Publikation in der Deutschen Nationalbibliographie; detaillierte bibliographische Daten sind im Internet über http: //dnb.d-nb.de abrufbar.

ISBN 978-3-88671-929-7

Im Alten Rathaus / Hauptstr. 37
D-79427 Eschbach/Markgräflerland

www.verlag-am-eschbach.de

Konzeption: Martin Schmeisser, Verlag am Eschbach.
Umschlagbild: Barbara Trapp, Bad Krozingen.
Umschlaggestaltung: Finken & Bumiller, Stuttgart.
Schriftvorlagen und Innengestaltung: Ulli Wunsch, Wehr.
Satz: Schwabenverlag Media der Schwabenverlag AG, Ostfildern-Ruit.
Druck: Freiburger Graphische Betriebe, fgb.

INHALT

Einmal sollte man

Einmal sollte man seine Siebensachen
Fortrollen aus diesen glatten Geleisen.
Man müsste sich aus dem Staube machen
Und früh am Morgen unbekannt verreisen.

Man sollte nicht mehr pünktlich wie bisher
Um acht Uhr zehn den Omnibus besteigen.
Man müsste sich zu Baum und Gräsern neigen,
als ob das immer so gewesen wär.

Man sollte sich nie mehr mit Konferenzen,
Prozenten und Aktenstaub befassen.
Man müsste Konfession und Stand verlassen
Und eines schönen Tags das Leben schwänzen.

Es gibt beinahe überall Natur
(Man darf sich nur nicht zu sehr um sie bemühen)
Und so viel Wiesen, die trotz Sonntagstour
Auch werktags unbekümmert weiterblühen.

Man trabt so traurig mit in diesem Trott.
Die andern aber finden, dass man müsste.
Es ist fast, als stünd man beim lieben Gott
Allein auf der schwarzen Liste.

Man zog einst ein Lebenslos zweiter Wahl.
Die Weckuhr rasselt. Der Plan wird verschoben.
Behutsam verpackt man sein kleines Ideal.
Einmal aber sollte man ... (Siehe oben!)

Mascha Kaléko

Traumgespräch mit Theo

Nach den verkaufsoffenen Sonntagen hatte der zuständige Minister des ostdeutschen Bundeslandes einen Traum. Ein alter Mann betrat sein Schlafzimmer, stellte sich neben das Bett und sah ihn lange schweigend an. Wer sind Sie?, fragte er den Besucher. Der hob die Schultern. Nennen Sie mich Theo! Wir haben zu reden.

Der Minister geriet in mittlere Panik. Vorsichtig schielte er zum Wecker hinüber. Gottseidank, in Kürze würde er klingeln. Dann war dieser Spuk zu Ende. Der Besucher lächelte milde. Ich bin ein alter Mann, sagte er, da hängt man an seinen Erinnerungen. Was hat das mit mir zu tun?, fragte der Minister.

Der alte Mann betrachtete seine runzligen Hände. Einst teilte ich mit mächtiger Hand Licht und Finsternis, Land und Meer. Tags darauf hing ich Sonne, Mond und Sterne ans Firmament. Ein mächtiges Stück Arbeit, wie Sie sich vielleicht denken können. Es funktionierte erst mit den Keplerschen Planetengesetzen.

Was Sie nicht sagen!, sagte der Minister.

An den nächsten Tagen experimentierte ich mit Pflanzen, Vögeln und Fischen, strickte DNS-Spiralen, tüftelte Periodensysteme aus, erfand Kongruenzsätze und die Zahl Pi… Und dann kam der sechste Tag. In einem Anfall von tollkühner Geselligkeit formte ich den Menschen, damit einer sei, der alles entdecke und betrachte. Und ich sah, dass es gut war. Ein kosmisches Patentamt hätte seine helle Freude gehabt. Und ganz nebenbei hatte ich die 6-Tage-Woche erfunden. Es war einfach toll! Alle Achtung!, sagte der Minister. Und doch. Theo erhob sich und tat ein paar Schritte. Alles war gut, aber irgendetwas schien zu fehlen. Alles arbeitete reibungslos und griff perfekt ineinander. Es war glatt und schön und fehlerfrei. Aber es war, wie soll ich sagen, irgendwie langweilig. Man gewöhnte sich zu schnell daran. Es war kalt. Man staunte, aber es blieb einem fremd. Es war perfekt, aber nicht vollkommen. Es war wie ein schönes, weißes Blatt Papier. Man starrt darauf, aber es fällt einem nichts ein.

Er blieb am Fenster stehen und sah in den nächtlichen Garten. Die Blätter bewegten sich leise im Wind. Sophia brachte mich drauf. Frauen haben ein feines Gespür für das Wesentliche. Er kehrte zum Bett zurück, zog einen Stuhl heran und setzte sich. Er sah dem Minister voll ins Gesicht.

Am nächsten Tag erschuf ich die Ruhe, sagte er.

Sagten Sie „Ruhe“?, fragte der Minister und blickte wie ein Karpfen.

Ja, die Ruhe, bestätigte Theo und atmete tief, den Frieden zwischen den Kriegen, die Schwebe zwischen den Atemzügen, den Lidschlag zwischen den Blicken, die Stille zwischen den Worten und das Schweigen in allen Sprachen. Und ich spürte: Groß und mächtig war ich an allen vorherigen Tagen, Gott war ich erst am siebten. An ihm erschuf ich das Geheimnis und die Weisheit aller anderen Tage. Am siebten Tag war ich der ganz andere, nicht außer mir sondern ganz bei mir selbst, und ich gab euch die Chance, Mensch zu werden, nach meinem Ebenbild.

Er schwieg, wohl wissend, dass seine Worte hier nur schwer Eingang fanden. Der da vor ihm lag, war kein Denker. Er war ein Täter, ein Macher, der Troubleshooter seiner Partei. Doch Theo gab noch nicht auf.

Am siebten Tag erschuf ich den kleinen Fehler, den Schmutzfleck auf dem weißen Papier, den Umweg und die Freude am Rätsel und Spiel. Seitdem gilt nicht der Rock, um den jemand bittet, sondern der Mantel, den man ihm dazugibt. Seitdem gilt nicht die linke Wange, sondern die rechte und eine Arbeitsstunde im Weinberg nicht weniger als alle anderen. Seitdem kann man unvollständig begreifen und doch vollkommen lieben. Verstehen Sie, der siebte ist der entscheidende Tag. Er ist das Geheimnis, der Sinn und die Weisheit der anderen sechs. Und da kommen Sie und wollen den verkaufsoffenen Sonntag einführen! Und die Händler, fragte der Minister zaghaft, man muss doch an den Umsatz denken.

Das meinen immer nur die Händler, sagte Theo. Ich denke lieber an die Menschen.

Die wollen ihn auch!, sagte der Minister. Die Kaufhäuser waren voll, man will was erleben. Der Alte schüttelte verwundert den Kopf. Die ganze Welt habe ich für euch erschaffen und ihr braucht ein Kaufhaus, um mal richtig was zu erleben?

In diesem Moment krähte der Wecker. Der Minister erwachte und saß senkrecht im Bett. Das Zimmer war leer. Er wischte sich den Schweiß von der Stirn.

Dann fiel ihm der Präsident der Handelskammer ein. Der würde ihm was husten, wenn er ihm mit dem Schweigen in allen Sprachen käme. Am Ende würde ihm der nachts erscheinen, inmitten der Kaufhausaktionäre. Er schüttelte sich.

Dann doch lieber Theo, dachte er und ließ sich wieder in die Kissen fallen.

Ist was?, fragte seine Frau im Halbschlaf.

Nein, nichts, sagte er.

Fritz Pleitgen

Armer Sonntag

Armer Sonntag.
Eilige Verse auf
die Ölwolken der Autobusse,
auf Schneisen im Ahornlaub,
die abgekartete Schönheit.

Armer Sonntag,
blaugestreift , blaugepunktet,
die Schaukeln sind ausgehängt,
ins Museum der Tröstungen
geifert die Sonne ein
und zeigt den fröhlichen Staub.

Armer Sonntag,
Stunde der Prächtigen,
keine verstohlene Wollust
im toten Winkel,
alle Segel gehisst und mit starren
Brustwarzen in die Gesundheit.

Günter Eich

Der Sonntag – Ein Fall für den Artenschutz

Jene Zeitepoche, die wir „Postmoderne“ nennen, schmückt sich gerne mit den Attributen der Vielfalt und des Pluralismus. Dies ist nicht ganz unberechtigt. Schaut man aber genauer hin, entdeckt man zumindest einen fundamentalen Lebensbereich, auf den das Gegenteil zutrifft. Dies ist der Umgang mit der Zeit. Hier erlebt man mehr Standardisierung und weniger Vielfalt. Postmoderne Zeiten ersetzen nämlich den natürlichen Rhythmus von Aktivität und Passivität durch die Einfalt einer organisierten, pausenlosen Rund-um-die-Uhr-Aktivität. Dabei wird das Rhythmische, das allem Natürlichen, also auch allem Menschlichen zugrunde liegt, aufgelöst. Dies wiederum hat zur Folge, dass die produktive Dialektik von Vergemeinschaftung und Vereinzelung um den Preis zunehmender Individualisierung eliminiert wird. Gemeinschaften, Gesellschaften und Familien benötigen nämlich, ebenso wie Individuen, regelmäßige Rhythmen, also sozial arrangierte Ruhezeiten für ihre Existenz. Mit total flexiblen Menschen – so bereits die Mahnung des Vaters der Soziologie, Emile Durkheim – lässt sich keine Gesellschaft langfristig erhalten. Etwas moderner hat Luhmann ähnliches festgestellt: „Menschliches Zusammenleben ist nur möglich in einer Lebenswelt, die gemeinsam ausgelegt und verstanden wird und eine erwartbare Ordnung aufweist.“

Wir sind heute dabei, diesen Sachverhalt auszutesten. Die Risiken sind jedoch enorm. Institutionen aus vorkapitalistischer Zeit, wie die Kirchen, die Universitäten, die Familien, die Wocheneinteilung, auf deren Basis sich der Kapitalismus und die Moderne letztlich erst entwickeln konnten, gelten heute als Relikte einer „anderen“ Zeit (was sie ja in der Tat sind), und stehen daher unter existenzbedrohlichem

Rationalisierungsdruck. Das ehemals durch Traditionen, durch Werthaltungen und Moralvorstellungen „eingegrenzte" Wirtschaftswachstum tritt heute, zu Beginn des 21. Jahrhunderts, in eine Phase der traditionslosen, wertflexiblen, grenzenlosen und ungebremsten ökonomischen Expansion. Das meint die Zauberformel von der „Globalisierung", die ja nicht nur eine räumliche, sondern auch eine zeitliche Dimension benennt. Eben diese temporale Form der Globalisierung tendiert zur grenzenlosen Zeitnutzung mit dem Ziel, alle 24 Stunden pro Tag und 7 Tage die Woche Zeit in Geld verrechnen zu können. Jeder übers ökonomische Kalkül dieser Rationalität hinausgehende Sinn, z. B. ein kultureller, wie er ja der Zeitordnung zugrunde liegt, wird dabei zunehmend als eine Form der Einschränkung von Freiheitsspielräumen begriffen und gerät daher unter Legitimationsdruck.

Dieser Argumentation, dieser bewusst gesteuerten Entwicklung, liegt freilich ein verkürzter, ein aus den USA importierter Freiheitsbegriff zugrunde: Freiheit wird dort primär als die Freiheit des Marktes, als die des unbeschränkten Konsums, und die der zeitlich und räumlich ungehinderten Produktion mit grenzenlosem Kapitalverkehr verstanden. Die darauf basierenden Bürgerrechte schützen aber in allererster Linie nur die Einzelpersonen und deren Eigentum. Sie bewahren und behüten nicht die gemeinschaftlichen und kulturellen Errungenschaften. Ein solch individualistisch amputierter Freiheitsbegriff muss letztlich die gesellschaftlichen Institutionen, die sozialen Organisationen und die unterschiedlichen Lebensgemeinschaften (Familien) unter existenzbedrohlichen Druck setzen, weil diese als freiheitsmindernd gesehen werden.

Diesem individualistischen Freiheitsbegriff entspricht schließlich auch jene Paradiesvorstellung, bei der möglichst alles zu jeder Zeit, sofort und überall zu erhalten, zu genießen und zu veranlassen ist. Auf dem Weg zur Realisierung dieses „Idealzustandes“ sind die Mitteleuropäer und die Amerikaner in den letzten Jahren weit vorangekommen. „Instant“ ist die englischsprachige Attraktionsformel dafür. Der Instant-Kaffee, dessen Prinzip rasend schnell weltweit Karriere gemacht hat, scheint uns überzeugt zu haben. Auch das Mobiltelefon funktioniert nach diesem Prinzip. Es lässt uns zu allen Zeiten und an allen Orten sofortige Instant-Kontakte herstellen. Neuerdings, das ließ die Logik dieser Dynamik erwarten, realisieren wir dieses Instant-Prinzip auch bei unserem Umgang mit der Zeit. Jederzeit und überall Zugriff auf die Zeit zu haben, wird zum Ideal: Nichts anderes tun wir, wenn wir Nachrichten auf Mailboxen sprechen. Dasselbe machen Unternehmen, wenn sie auf hochflexible Abrufkräfte (und deren Arbeitszeit) zurückgreifen. Die Subjekte werden immer mehr zu einer wandelnden Zeitreserve, die über ein Lebensarbeitszeitkonto abgeschrieben wird.

Die auf solcher Flexibilitätsmoral aufbauenden Freiheitsversprechen können jedoch nicht eingelöst werden. Dies zeigt sich u. a. am überall und jederzeit erlebbaren Sachverhalt, dass der jeweilige Zuwachs an Flexibilität gleichzeitig die Abhängigkeit von eben diesen flexibel gewordenen Verhältnissen erhöht. Kürzlich hat IBM in einer großangelegten Werbekampagne diese Wahrheit für den von ihr offerierten Server in Anspruch genommen: „Server sind so wichtig, dass Menschen 24 Stunden am Tag, 7 Tage die Woche und 365 Tage im Jahr von ihnen abhängig sind. Und dabei so unaufdringlich, dass sie den Menschen erst auffallen, wenn sie nicht da sind.“ Die Botschaft heißt: Freiheit ist Abhängigkeit vom Server.

Gleiches gilt für die tendenzielle Abschaffung der sog. „Sonntagsruhe“. Es steht dabei nicht die geliebte Freiheit auf dem Spiel, allenfalls deren Schein. Man kann den Sonntag nämlich gar nicht als freien Tag des Individuums sinnvoll legitimieren. Man kann ihn nur sozial,

d. h. als einen Tag des Kultes und der Vergemeinschaftung, also als soziales Ereignis rechtfertigen und leben. Das Soziale aber wird heute primär als eine einschränkende Lebensform begriffen, so auch der Sonntag.

Falls der siebente Tag der Woche, wie zu befürchten, demnächst zum Werktag wird, gibt es weder einen guten Grund noch ein gutes Argument, an der kalendarischen Woche als wichtiger zeitlicher Institution festzuhalten. Dann könnte man, und dies würde als Vorschlag zur Vereinfachung des Alltags sicher heute begeisterte Anhänger finden, die Monatstage schlichtweg durchzählen, und zwar ohne jeglichen Unterschied. Die Woche wäre am Ende, weil es kein Wochenende mehr gäbe. Die rot markierten Stellen in unseren Kalendern würden so grau wie alle anderen.

„Die Woche" aber, so der bekannte französische Mittelalterforscher Le Goff, „ist die große menschliche Erfindung im Kalender." Er schreibt ihre Entstehung den Chaldäern zu, andere Forscher den Babyloniern. Jedenfalls liegt ihr Ursprung im heutigen „Nahen Osten". „Von Anfang an bestand ihr Hauptwert darin", so Le Goff, „dass sie in den Kalender eine regelmäßige Unterbrechung der Arbeit und des Alltags bringt, eine Phase der Ruhe." Die Woche ist im Gegensatz zu den Zeiteinheiten Tag, Monat, Jahr, die ihr Fundament in kosmischen Dynamiken haben, eine menschengemachte Zeiteinteilung. Sie wurde von Anfang an durch kultische Traditionen legitimiert. Die Arbeitsruhe am ausgezeichneten siebten Tag (Sonntagsruhe) ist dagegen erheblich jüngeren Datums. Konstantin hat den Sonntag, den „dies solis", durch ein Gesetz im Jahr 321 zum arbeitsfreien Tag erklärt und diesen an die Verspflichtung zum Kult, d. h. zum Gottesdienst geknüpft. Eher aus sozialen und politischen denn aus kirchlichen Gründen wurde die

Sonntagsruhe von Staatsorganen dann in der darauf folgenden Zeit geregelt. Die Arbeitsruhe, das Pausieren, die Unterbrechung wurden zu wichtigen sozialen und gemeinschaftlichen Erfahrungsfeldern, die die Basis dessen wurden, was wir heute mit „Lebenskultur“ bezeichnen.

Regelmäßig wiederkehrende Tage der Arbeitsruhe sind ebenso notwendig wie die Arbeit selbst. Aktivität und Passivität sind gleichermaßen unverzichtbar, wenn soziales Leben erhalten bzw. entwickelt werden soll. Nur unter der Bedingung, dass es sozial und kulturell organisierte Zeitmuster gibt, die mittel- und langfristig Regeln folgen und hierdurch kalkulierbare Orientierungen bereitstellen, ist gesellschaftliches und soziales Leben überhaupt möglich. „Zeit haben“ heißt eben nicht, für alles Zeit zu haben. Flexibilität bedeutet nicht, allzeit flexibel sein zu müssen – sonst wäre sie ja nur die Einfalt der Vielfalt. Niemand ist so unflexibel wie diejenigen, die ausschließlich flexibel sind. Wer also wirklich flexibel sein will, muss auch immer wieder einmal auf Flexibilität verzichten können. Ganz besonders aber, wenn man nicht isoliert und vereinsamt existieren möchte.

Soziales Leben benötigt verlässliche, den einzelnen Tag überdauernde Zeitkoordinationsysteme. Es braucht Standardisierungen, die jeweils aktuellem, d. h. allzeit flexiblem Regelungsdruck entzogen sind. Nur durch die verbindliche Regelmäßigkeit von erwartbaren Wiederholungsaktivitäten entwickelt sich soziales und kulturelles Leben. Diese erst geben dem kollektiven Leben (z. B. der Familie) den bestandsnotwendigen, lebendigen Rhythmus. Sie entlasten von der psychischen, der sozialen Aufdringlichkeit, Zeit immer wieder neu zum Thema zu machen, Zeit permanent koordinieren und kontrollieren zu müssen und dafür Zeit immerzu zu „verbrauchen“. Nur mit Hilfe „relativer Zeitlosigkeit“ und regelmäßiger „Zeitoasen“ werden wir von der Zeit und deren permanentem Management entlastet.

Das regelmäßige und gemeinsame Essen im Familienzusammenhang ist beispielsweise ein solcher, heute nur allzu oft bedrohter, gemeinschaftsfördernder Intensivierungsritus. Er wird durch die Bedürfnisse und Notwendigkeiten des Sozialen und nicht durch den Bedarf der Zeitökonomie strukturiert und verlässlich reguliert. Inwieweit dies heute bedroht ist, zeigt sich im Sachverhalt, dass sich Mitteleuropäer fast nur noch sonntags gemeinsam zum Essen treffen. Warum eigentlich will man das auch noch abschaffen? Und um welchen Preis?

Was für Familien und deren Zusammenhalt angedeutet wurde, gilt gleichermaßen auch für andere soziale Formen der Vergemeinschaftung. Solidarität etwa, das soziale Fundament allen langfristig stabilen sozialen Handelns speziell der weniger Mächtigen, hat nur über verlässliche, d. h. dauerhafte Zeitstrukturen überhaupt eine Entwicklungschance. Fehlen diese, werden sich die Menschen noch häufiger alleingelassen und abhängig fühlen. Dies trotz jederzeit geöffneter Kaufhäuser, trotz allzeitigem Internetzugang und trotz zunehmender televisionärer Kanalvielfalt (die immer weniger eine Programmvielfalt ist). Die Beschleunigung des gesellschaftlichen und des individuellen Tempos erhöht das Risiko deutlich, auf der Strecke zu bleiben. Wir wissen: Amokläufer sind schnell, friedfertige Menschen langsam.

Es sind nicht primär die Unternehmer des traditionellen Industriekapitalismus, die die Auflösung des Sonntagsgebotes betreiben. Vielmehr sind es in erster Linie die mit Lichtgeschwindigkeit operierenden Unternehmen der Dienstleistungsbranche, der New Economy, die dies provozieren. Electronic Commerce, so kann man überall lesen, verändert die Gesellschaft. In der Tat, er tut dies. An der Börse sind, weitgehend unbemerkt, einige Feier- und Ruhetage abgeschafft worden. Auch die Banken ignorieren die sonntägliche „Ruhe“ zunehmend. So versenden sie ihren Kunden „gut gemeinte Ratschläge“, Überweisungen doch möglichst auch am Sonntag zu tätigen. Wenig zu verwundern, dass die höchsten Gebäude in unseren Stadtzentren nicht mehr die Kirchen, sondern die Bankzentralen sind. Sie nämlich sind es, die heute über Raum und Zeit entscheiden und damit auch über den Sonntag und dessen mögliche Abschaffung.

Wie immer wenn's um Zeit geht, so stellt sich auch beim „Kampf“ um den Sonntag die Frage, wem sie gehört und wer ihre Orientierung gebende Ordnung bestimmt. Werden in Zukunft die Arbeitszeiten und Ladenschlusszeiten nicht mehr von demokratisch gewählten Interessens- und Volksvertretern geregelt und demnächst, wie das in völliger Verkennung des wirklichen Sachverhaltes heißt, „individueller Entscheidung frei gegeben“, dann bestimmen darüber die Einzelunternehmer bzw. die Ladenbesitzer, die Kaufhausmanager und die Kundenströme (die ja keinen Minderheitenschutz kennen). Ein schlechter Tausch für jene Kunden, die die Erweiterung ihrer Souveränität anstreben. Theodor Fontane hat das vorausgesehen. Bei der Betrachtung der Sonntagsausflügler an der Berliner Peripherie notiert er: „Wie das (Ausflugsvölkchen) lacht und glücklich ist im Schweiße seines Angesichts.“

Der Totalitarismus eines nur mehr ökonomischen Umgangs mit der Zeit, der letztlich die Abschaffung aller gesellschaftlichen Passivitäts- und Ruhezonen zur Folge hat, führt uns nicht ins Paradies, sondern eher in eine paradiesische Hölle. Dort nämlich gibt es keinen Schlaf und kein Ausruhen. Berthold von Regensburg, der große Prediger des Mittelalters, machte bereits darauf aufmerksam: Was ist am Teufel am schlechtesten? Die Antwort: „Dass er ohne Unterlass und ohne Ruhepause sündigt, sowohl tagsüber als auch nachts." Warum eigentlich eifern wir diesem teuflischen Prinzip heute so hoffnungsvoll nach?

Es gibt gute Gründe von diesem Bemühen Abstand zu nehmen. Der Sonntag ist nicht überflüssig, er ist lebensnotwendig und voller Sinnhaftigkeit. Dazu einige in Stichpunkten zusammengefasste Argumente:

– Der Sonntag erinnert uns daran, dass wir nicht nur jene Zeit haben, über die wir verfügen können, sondern selbst zeitlich sind. „Lehre uns bedenken, dass wir sterben müssen" (Ps 90,12) – wann, wenn nicht am Sonntag, haben wir Zeit, uns dies zu vergegenwärtigen?

– Der Sonntag verhindert, dass aus den Flexibilitätsnotwendigkeiten ein Zwang, eine Pflicht zur Identitätsauflösung wird. Er verhindert, dass Flexibilität zur totalen Abhängigkeit vom Marktgeschehen und dessen Agenten führt und somit jenen Freiheitsgewinn zunichte macht, den man sich von ihm versprochen hat. Der Sonntag entlastet uns von einem endlos hektischen Mehrwertalltag und von der Zumutung, ausschließlich als Kunde wahrgenommen zu werden.

– Der Sonntag befreit uns von der Penetranz des alternativlosen geldwerten Zeitnutzens. Er befreit von der belastenden Freiheit, über die Zeit jederzeit selbst entscheiden zu dürfen, und vom Zwang, dies immerzu machen zu müssen. Er heilt uns von der Sucht, alles Tun aufs Gewinnen, Erobern und Verbrauchen auszurichten. Der Sonntag erinnert daran, dass die Welt nicht erkauft werden kann – und die wirklich wichtigen Dinge des Lebens ebenso nicht. Der Sonntag entlastet die Menschen vom Rundum-Marktgeschehen und macht sie zu mehr als nur zu einem Teil des ökonomischen Betriebs.

– Der Sonntag reduziert durch seine kultische Heiligung der Zeit das der Gesellschaft innewohnende Gewaltpotential in ganz entscheidendem Maße. (So die These des französischen Literaturwissenschaftlers

René Girard in seiner Studie „Das Heilige und die Gewalt.") Daher auch ist der Sonntag nichts Künstliches, nichts Überflüssiges, sondern eine bittere Notwendigkeit. Er ist Ergebnis der Kultivierung und der Zivilisierung der Menschheit. Seine Ignorierung käme teuer zu stehen und wirkte letztlich dehumanisierend und entzivilisierend.

– Der Sonntag huldigt der Schöpfung und nicht der Wertschöpfung. Er tut dies, indem er der individuellen und der gesellschaftlichen Erschöpfung eine regelmäßig wiederkehrende Regenerationschance gibt. Er verhindert, dass die Gesellschaft und ihre ökologischen Systeme in einer aktivitätsbesessenen und säkularisierten Langeweile ersticken.

– Der Sonntag ist eine Art Vorgeschmack auf die Ewigkeit. Er erinnert daran, dass alles Reden über Zeit auf ein einziges Ziel zuführt, nämlich versöhnt mit der Zeit leben zu können. Denn – so Boethius (480–525): „Ewigkeit ist der vollständige und zugleich vollendete Besitz unbegrenzten Lebens."

– Der Sonntag ist jener Tag, an dem man erfahren kann und darf, was „Dauer" heißt. Er stabilisiert und entwickelt diejenige lebenswichtige Zeitordnung, die auf Regelmäßigkeit, Vergemeinschaftung, auf Kult, Kultur und Langfristigkeit ausgerichtet ist.

Das sind einige Gründe, die man zum Lob des Sonntags vorbringen kann. Es gibt noch mehr davon. Sie sprechen für dessen weitere Existenz. Sie machen ihn zu einem „Tag der seelischen Erhebung" (wie es das deutsche Grundgesetz auch formuliert):

– An Sonntagen frühstücken so viele Menschen gemeinsam, wie an keinem anderen Tag in der Woche.

– An keinem anderen Wochentag gehen so viele Personen mit lieben Freunden und Freundinnen ins Kino.

– An Sonntagen verkehren erheblich weniger Lastwagen auf unseren Straßen. Sowohl die Natur als auch das soziale Leben werden dadurch entlastet.

– Am Sonntag erhält man vor 11 Uhr nur selten Telefonanrufe, zumindest bis zu diesem Zeitpunkt ist dieser Tag relativ störungsfrei.

– Die Anzahl jener Menschen, die unsere ästhetische Wahrnehmung durch hässliche Plastiktüten belästigt, ist an diesem Tag erheblich geringer als an Werktagen.

– Am Sonntag darf man sich endlich einmal langweilen, ohne ein schlechtes Gewissen haben zu müssen.

– Für den Sonntag muss man, wenn man nicht arbeiten möchte, keinen Urlaub beantragen.

– Am Sonntag sind (fast) alle Menschen „Arbeitslose". Ohne die Existenz des Wochenendes wären die Arbeitslosen nicht nur 5, sondern 7 Tage arbeitslos.

Warum eigentlich wollen wir diese Errungenschaft abschaffen – und was bekommen wir dafür?

Karlheinz A. Geißler

Das Lied vom Anfang

Im Anfang schuf Gott Himmel und Erde.
Und die Welt war leerer Abgrund,
Finsternis lag auf der Urtiefe,
und Gottes Geist schwebte über den Wassern.

Gott sprach: Es werde Licht! Und es ward Licht.
Und Gott sah: das Licht war gut.
Da schied Gott das Licht von der Finsternis
und nannte das Licht Tag und die Finsternis Nacht.
Es wurde Abend und wurde Morgen – erster Tag.

Gott sprach: Es werde ein festes Gewölbe über der Erde!
Und Gott nannte das Gewölbe Himmel.
Es wurde Abend und wurde Morgen – zweiter Tag.

Gott sprach: Das Wasser unter dem Himmel
sammle sich in besonderen Tiefen,
und es trete hervor trockenes Land!
Und es geschah so.
Und Gott nannte das Trockene „Erde“.
Das gesammelte Wasser nannte er „Meer“.
Und Gott sah, dass es gut war.
Und Gott sprach: Die Erde lasse aufgehen Gras und Kraut,
das Samen bringt, und fruchtbare Bäume,
die, jeder nach seiner Art, Früchte tragen!
Und es geschah so.
Und Gott sah, dass es gut war.

Es wurde Abend und wurde Morgen – dritter Tag.

Gott sprach: Lichter sollen aufleuchten
am Gewölbe des Himmels!
Die sollen scheiden zwischen Tag und Nacht,
Zeichen geben und Zeiten ordnen, Tage und Jahre.
Sie sollen strahlen am Gewölbe oben
und scheinen über die Erde.
Und es geschah so.
Gott machte zwei große Lichter:
ein großes Licht für den Tag,
ein kleineres für die Nacht, dazu die Sterne.
Und Gott sah, dass es gut war.
Es wurde Abend und wurde Morgen – vierter Tag.

Gott sprach: Das Wasser soll wimmeln von
lebendigen Wesen,
und Vögel sollen fliegen unter dem Gewölbe des Himmels!
Und Gott schuf große Walfische und
alles Getier, was da lebt,
und alle gefiederten Vögel, ein jedes nach seiner Art.
Und Gott sah, dass es gut war.
Und Gott segnete sie und sprach: Seid fruchtbar.
Mehrt euch und füllt das Wasser im Meer,
und die Vögel sollen sich mehren auf der Erde.
Es wurde Abend und wurde Morgen – fünfter Tag.

Gott sprach: Die Erde bringe Tiere hervor,
ein jedes nach seiner Art: Vieh, Gewürm und wilde Tiere!
Und es geschah so, und Gott sah, dass es gut war.

Und Gott sprach: Ich will Menschen schaffen,
die mir gegenüber sind!
Sie sollen Verantwortung tragen
für die Fische im Meer und die Vögel des Himmels,
für das Vieh und alle Wildtiere
und alles Gewürm auf der Erde.
Und Gott schuf die Menschen, sein Spiegelbild,
und schuf sie als Mann und Frau.
Und Gott segnete sie und sprach:
Seid fruchtbar, mehrt euch, füllt die Erde und sorgt für sie.
Ich vertraue euch die Fische im Meer an
und die Vögel unter dem Himmel,
das Vieh und alle lebendigen Wesen.
Und Gott sah alles an, was er geschaffen hatte,
und wirklich: Er war sehr gut!
Es wurde Abend und wurde Morgen – sechster Tag.

So vollendete Gott Himmel und Erde mit allen Geschöpfen.
Er vollendete sie am siebten Tag
und ruhte von all seinem Schaffen.
Er segnete den siebten Tag und heiligte ihn
als den Tag seiner und der Menschen Ruhe.
So entstand alles: Himmel und Erde.

Genesis/1. Mose 1,1-2,4 übertragen von Jörg Zink

Was mir das dritte Gebot sagt

Du sollst dich selbst unterbrechen.
Zwischen Arbeiten und Konsumieren
soll Stille sein und Freude,
zwischen Aufräumen und Vorbereiten
sollst du es in dir singen hören,
Gottes altes Lied von den sechs Tagen
und dem einen, der anders ist.
Zwischen Wegschaffen und Vorplanen
sollst du dich erinnern
an diesen ersten Morgen,
deinen und aller Anfang,
als die Sonne aufging
ohne Zweck
und du nicht berechnet wurdest
in der Zeit, die niemandem gehört
außer dem Ewigen.

Dorothee Sölle

Und Gott segnete den siebten Tag und heiligte ihn

Wir wissen alle: Das Gebot „Du sollst den Feiertag heiligen" stammt aus den sogenannten Zehn Geboten, denen sich das Nomadenvolk Israel auf seinen Wanderungen zwischen Ägypten und Arabien vor dreitausend Jahren unterstellt hat. Wir wissen, dass Jesus diesen Zehn Geboten seinen neuen und anderen Willen hinzugefügt hat, ohne sie freilich je außer Kraft zu setzen. Seit es eine Kirche gibt, sind sie gültig auch für die Kirche, und seit es eine Kirche gibt, werden sie im Namen Jesu auch immer und immer wieder angefochten. Nie haben die Zehn Gebote die Menschen losgelassen, so unbequem sie auch immer empfunden worden sind.

Das begann also mit der Wanderung der Israeliten von einer Oase zur anderen, bis sie schließlich nach vierzig Jahren das versprochene Land der Sesshaftigkeit erreichten. Auch dieses Bild vom wandernden Volk ist seitdem als gültig empfunden worden, von jenem Volk, das einen Ort sucht, an dem es Ruhe findet; das nie weiß, ob es nicht in Wahrheit dazu verurteilt ist, ewig im Kreis zu gehen zwischen der großen Hoffnung und den kleinen Wasserstellen, auf die es in der Wüste täglich angewiesen ist. Und da gab ihm also Mose diese Anweisung mit auf einer steinernen Tafeln: „Du sollst den Sabbat heiligen. Sechs Tage magst du arbeiten – am siebten sollst du ruhen. So gewiss dir Gott die Ruhe im versprochenen Land gewähren wird, so gewiss soll dies sein: der siebte Tag sei dir ein Tag der Ruhe."

Siebenhundert Jahre nach Mose war Israel wieder unterwegs, wieder ohne Heimat, in Babylon. Da erzählte es eine Schöpfungsgeschichte, in der von Gott gesagt wurde, er habe die Welt in sechs Tagen erschaffen, am siebten aber habe er von seinem Werk geruht. Die Ruhe des

Menschen habe also ihren Ursprung in der Ruhe Gottes. Der Rhythmus der sieben Tage habe seinen Hintergrund nicht in einer willkürlichen Vorschrift, sondern im Bauplan der Welt überhaupt.

Als Jesus kam, stieß er mit der geistlichen Obrigkeit seines Volks an vielen Stellen zusammen, aber zuerst und am häufigsten hier. Da kamen Kranke zu ihm, und er heilte sie am Sabbat. Das war ein Angriff auf das Heiligste. Aber Jesus hat nie erklärt: „Nehmt den Ruhetag nicht so ernst, nehmt es nicht so genau." Er hat lediglich vor einer Gefahr gewarnt, nämlich dass die harte Vorschrift sich gegen den Menschen wenden könnte, zu dessen Gunsten sie doch eigentlich erlassen war. „Ist der Sabbat gemacht", so fragt Jesus, „damit der Mensch frei ist, oder ist der Mensch gemacht, damit man ihn am Sabbat zum Opfer bringt? Ist der Sabbat nicht dazu da, damit der Mensch mehr Mensch wird, und das heißt, dass er hört, was er sonst nicht hört, versteht, was er sonst nicht versteht, und den Sinn findet, nach dem er sonst vergeblich fragt?"

Nun, das alles liegt weit zurück. Der Sonntag ist bei uns längst kein Ruhetag mehr. Gelassenheit ist eine Tugend, mit der die Probleme einer modernen Leistungsgesellschaft nicht zu lösen sind, wie man meint. Und wenn uns der Samstag aus der Arbeit entlässt, liegt die Arbeit für den Sonntag bereits da, nicht nur bei den Hausfrauen. Es könnte auch die Arbeit sein, die die Freizeitindustrie uns vorschlägt. Es könnte die Arbeit sein, sich fit zu trimmen oder am Steuer seines Wagens die Krankheiten vorzubereiten, an deren Ende man in einer Mischung aus Stolz und Verlegenheit feststellt: „Sein Leben war Arbeit" und also sinnvoll und also richtig, in typisch deutscher Logik.

Was zwingt uns eigentlich zu dem Tempo und zu der Pausenlosigkeit, mit der wir unser Leben hinter uns bringen? Unter anderem wohl der felsenfeste Glaube, das Leben könne nicht richtig ablaufen, wenn nicht dies getan und jenes erledigt sei. Der Glaube an die Leistung, an das Können, die Bewährung der Tüchtigen, und vor allem die Angst, wir seien in höchster Gefahr, wenn eines Tages unsere Familie, unsere Nachbarschaft und vor allem unsere Chefs nicht mehr von unserer Tüchtigkeit überzeugt seien.

Übrigens, auch unsere Kinder dürfen ja bei uns vor allem deshalb spielen – wenn man einmal hinter die Etat-Beratungen schaut –, weil das Kind sich nach unseren Vorstellungen im Spiel auf die Leistung einspielt, die man später von ihm verlangen wird. Spiel erzeugt Freude, Freude ist der Motor der Arbeit. Also lasst die Kinder spielen, damit sie lernen, wie die Sklaven zu arbeiten. Und wenn's geht, dann mogelt man ins Spiel der Vierjährigen den Stoff des 1. Schuljahres mit hinein.

Und wenn das Jahr zweiundfünfzig Sonntage hat, dann wird es Zeit, jedem dieser nutzlosen Sonntage eine Spur von öffentlichem Nutzen mitzuteilen. Man erfindet den Sonntag des Brots, den Sonntag des Umweltschutzes, den Muttertag, den Tag des Baumes, den Tag des Pferdes, den Tag der Arbeit. Und die Kirchen spielen eifrig mit; sie haben schon den Tag des Straßenverkehrs erfunden (das ist lustigerweise ein Sonntag!), den Erziehungssonntag, den Sonntag der Mission, den Sonntag der Diakonie, den Jugendsonntag, den Männersonntag, den Mädchensonntag, den Mitarbeitersonntag, den Sonntag des ausländischen Mitbürgers und vieles andere mehr. Einer hat vorgeschlagen, man möge doch den Sonntag des Sonntags einführen, offenbar, damit ein Tag übrigbleibt, an dem man der Tatsache gedenkt, dass es früher einmal einen Sonntag gab, der ein Sonntag war und sonst nichts. Aber wahrscheinlich fühlen wir uns bei einer solchen Vorstellung bereits frustriert.

Man bringt das Wort *Glück* bei uns immer wieder in Zusammenhang mit Lebensstandard und mit freier Zeit. Gäbe es hier einen wirklichen Zusammenhang, dann müssten die Menschen in unserem Land aus den glücklichsten Menschen der Weltgeschichte bestehen. Was aber der Pfarrer, der Arzt, der Psychologe oder der Sozialarbeiter und übrigens jeder, der Augen hat für Menschen, immer und immer wieder feststellen, ist etwas ganz anderes. Nämlich die Tatsache, dass sehr wenige Menschen in unserem gesegneten Land sich freiwillig als glücklich bezeichnen. Eine breite Mehrheit unter uns wirkt unbefriedigt, enttäuscht, mutlos, glücklos. Unzählige Zeitgenossen, denen es äußerlich an nichts fehlt, leiden unter dem Leben, ganz einfach unter dem Leben, so wie es sich bei uns abspielt, ohne genau beschreiben zu können, was es eigentlich sei, worunter sie leiden.

Und da wundern wir uns, wenn es junge Menschen gibt, die das durchschauen und entsetzt sind: „So soll ich werden, so rastlos, so ehrgeizig, so getrieben, so meinem Chef ergeben um meiner Laufbahn willen, so ohne Ruhe, so ohne Zeit, so unfähig zum Gespräch, so unfähig, zu sagen, wozu das alles gut sein soll, so ohne Ahnung, wo der Sinn der Sache liegt?“ Und dann weichen sie aus, viele von ihnen, um dem Wahnsinn dieses pausenlosen Leistungsdrucks zu entrinnen, ehe es zu spät ist.

Die Schöpfungsgeschichte der Bibel sagt uns, dass das Dasein des Menschen seinen Zusammenhang in einem größeren Rahmen hat als nur in seinem Privatleben. Wohin der Mensch sich entwickelt, das wirkt sich auf den ganzen Erdball aus, und die Frage ist, wie es sich auswirkt, wenn die Natur von Menschen beherrscht und erforscht und verändert wird, deren erstes Interesse ist, sich zu bewähren und ihre Tüchtigkeit zu beweisen. Wenn also die Macht, die der Mensch über den Kosmos ausübt, die Macht von ungesteuerten, tätigen Neurotikern ist, die Macht von Erfolgreichen, die nicht weiter denken dürfen, als bis zum nächsten Erfolg, weil sonst der Erfolg in Frage gestellt wäre, der Vielwissenden, die sich für die Konsequenzen ihres Tuns nicht interessieren dürfen.

Das Feiertagsgebot hatte für das Volk der Bibel seinen Sinn und Ursprung in der Ruhe Gottes. Das ist ein Gedanke, an den wir uns überhaupt erst einmal gewöhnen müssen. Die Schöpfungsgeschichte sagt, Gott habe den Menschen zu seinem Ebenbild erschaffen. Der Mensch sei Bild Gottes in dem Maße, in dem er in sich und in Gott zu ruhen vermöge. In demselben Maß aber sei er fähig, diese Welt zu verwalten.

Was aber geschieht, wenn über die Zukunft unserer Welt die entscheiden, die weder in sich noch in Gott Ruhe finden? Unsere Erde hat sich in sehr langsamen, sinnvollen Schritten entwickelt und muss sich nun in einer immer schnelleren Entwicklung die Hektik des machenden Menschen gefallen lassen und wirbelt in einer Art von technischem Totentanz von riesigen Ausmaßen einem Augenblick entgegen, in dem sie entweder gerade noch einmal gerettet wird oder in der Hand des Menschen, des Machers, zugrunde geht.

Wir stehen, wenn wir wohl beraten sind, am Ende der überlieferten – auch der christlichen – Leistungsethik. Wir können heute wissen, dass wir neben Erfindungskraft und Leistungsvermögen auf ganz andere Fähigkeiten angewiesen sein werden, wenn wir überleben wollen. Wenn es um Wahrheit geht, kommt es nicht auf das Tun, sondern auf die Fähigkeit an, etwas wahrzunehmen. Wenn es um den Sinn dieses Daseins geht, kommt es nicht auf die Könner, sondern auf die Sensiblen an. Wenn das Glück künftiger Generationen auf dem Spiel steht, sind die Behutsamen und die Einsichtigen aufgerufen. Dann aber geht es heute um die Einübung dieser Fähigkeiten, die so gar nicht in unsere Welt hineinpassen. Und wenn man die Einübung von Offenheit, von Bereitschaft, von Sensibilität, das Einüben des Erfahrens Meditation nennen will, dann geht es um Meditation.

Und eben damit sind wir bei dem Feiertag, den Gott uns Menschen zugedacht hat. Schweigen lernen, statt zu reden – darauf käme es an; hören können, was leise gesagt wird, das Wort eines Menschen vernehmen oder ein Wort, das von sehr weit herkommt, hören lernen und verstehen: dahinter steht Gott. Hier liegt unsere Hausaufgabe für die kommenden Jahre.

Aber was sollen wir denn hören, wir armen Knechte dieser Leistungsgesellschaft? In erster Linie immer wieder, meine ich, die Stimme jenes Jesus von Nazareth, der gesagt hat: „Kommt her zu mir, die ihr müde seid und ermattet von übermäßiger Last. Aufatmen sollt ihr und frei sein."

Jesus wollte, dass die Menschen sich getragen wissen, geborgen, behütet und entlastet und dass sie danach fähig werden, auch ihre Angst vor der Zukunft abzulegen. Zu vertrauen und gelassen zu sein. Er wollte Menschen, die ihre Last als leicht empfinden und die darum auch sich selbst leicht nehmen können. Er wandte sich den Menschen zu, ohne Sorge um sich selbst, damit auch diese Menschen sich anderen gegenüber öffnen können in einer neuen Sorglosigkeit und Sensibilität und darin den irdischen Sinn ihres Lebens finden. Sie mögen in ihrem eigenen Umkreis prüfen, was daraus in unserem christlichen Land geworden ist, wo unter Christen wie Atheisten der Mensch soviel wert ist, wie er leistet, die Freiheit verdient werden muss und der Sinn der Sache in den Wolken steht.

Die junge Kirche hat den Feiertag vom Sabbat auf den ersten Tag der

Woche verlegt, auf den Tag, an dem Christus vom Tode auferstand, auf den Tag also, an dem das neue Leben aus dem Tod entsprang. Wenn in unserem Feiern und Hören, in unserem Empfangen und Erfahren Hoffnung liegt für uns und für diese Welt, dann darum, weil wir die lebendige Gegenwart dessen feiern, aus dessen Hand die Welt kommt.

Gott ruhte, und der Mensch, der in ihm ist, ruht mit ihm, in ihm. Aus der Ruhe erwächst Gelassenheit. Und in diesem Vertrauen wird der Mensch, der Verwalter dieser Welt, wozu er bestimmt ist: Bild Gottes.

Jörg Zink

Das Wunder der Farben

Sieben Farben
hat der Regenbogen.
Jedes Bild,
das unserm Auge
geschenkt wird,
feiert das Wunder
dieser Farben.

Denn süß ist das Licht
und köstlich dem Auge,
die Sonne zu schaun,
so sprach schon Kohelet
im Buch der Bücher.

Und jener Weise aus Weimar,
der dem Licht
auf der Spur war,
bekannte mit Recht:
Am farbigen Abglanz
haben wir das Leben.

So lasst uns dessen gedenken,
der Licht und Dunkelheit trennte
und der den farbigen Bogen
inmitten der Wolken erschuf
zum Zeichen ewigen Bundes
zwischen Gott und den Menschen.

Conrad Miesen

Der Sabbat ist von Woche zu Woche das Urfest der Juden. Zugleich ist er Geschenk und Lebenschance für alle Menschen. In Sonderheit allen Beladenen ist er zur Entlastung zugedacht. Er ist der Ruhegrund auch im christlichen Sonntag. In jedem Tag der Woche ist er die Erholungssubstanz. In der Weise, wie er damit umging, hat Jesus die Heilkraft des Sabbats ins Licht gestellt.

Der Sabbat ist kein finsterer Erlass aus einer fernen Vergangenheit. Er ist lichte Möglichkeit einer noch ausstehenden Zukunft, die für das Leben jedes einzelnen, für das Zusammenleben der Menschen, ja für das Leben in Gemeinschaft mit der Erde zu entdecken ist.

Wolfgang Dietrich

Der Friede

In Jassyna lebte eine sehr alte Frau, die in ihrer Jugend in Rabbi Elimelechs Hause gedient hatte. Rabbi Mose von Ujhely kam einst eigens hin, um aus ihrem Munde Erzählungen von Rabbi Elimelech zu hören. Sie sagte: „Ich weiß nichts. Nur eins ist in meiner Erinnerung. Die ganze Woche über gab es, wie es gewöhnlich unter Mägden der Fall ist, Streit in der Küche. Aber am Freitag, vor Empfang des Sabbats, fielen wir einander um den Hals und eine bat die andere: ‚Vergib mir, was ich Dir diese Woche angetan habe!‘ und es trat Friede unter uns ein. So ging es Freitag für Freitag.“

Chassidische Überlieferung

Die heilige Zahl Sieben

Sieben Schöpfungstage
auch heut noch
das Maß unsrer Woche
wie im alten Babylon

Sieben Weltwunder
sieben Weise
und der jüdische Leuchter
mit seinen sieben Armen

Siebenschläfer
steht im Kalender
sieben Raben
flattern im Märchen

Sieben mal siebzig
Gelegenheiten
dem Nächsten
zu verzeihen

Conrad Miesen

Gedenke des Sabbathtages ihn zu heiligen. Sechs Tage sollst du arbeiten und all dein Werk tun. Aber am siebenten Tage ist Sabbath dem Herrn, deinem Gotte; da sollst du keinerlei Arbeit tun, du, dein Sohn, deine Tochter, dein Knecht, deine Magd, dein Vieh und dein Fremdling, der in deinen Toren weilt. Denn in sechs Tagen hat der Herr Himmel und Erde gemacht, das Meer und alles, was darinnen ist und er ruhte am siebenten Tag. Darum segnete der Herr den Sabbathtag und heiligte ihn.

Exodus/2. Mose 20,8-11 übertragen von Schalom Ben-Chorin

Hüte den Sabbathtag ihn zu heiligen, wie dir der Herr, dein Gott, geboten hat. Sechs Tage sollst du arbeiten und all dein Werk tun. Aber am siebenten Tage ist Sabbath dem Herrn, deinem Gotte; da sollst du keinerlei Arbeit tun, du, dein Sohn, deine Tochter, dein Knecht, deine Magd, dein Ochse, dein Esel und all dein Vieh und dein Fremdling, der in deinen Toren weilt, damit dein Knecht und deine Magd gleich dir ruhen. Und gedenke, dass du ein Knecht warst im Land Ägypten und dass dich der Herr, dein Gott, mit starker Hand und ausgestrecktem Arm von dort herausgeführt hat, deshalb gebot dir der Herr, den Sabbathtag zu halten.

Deuteronomium/5. Mose 5,12-15 übertragen von Schalom Ben-Chorin

Die erste Fassung des Gebotes ist auf den Gedanken der Imitatio Dei, der Nachahmung Gottes, ausgerichtet. Gott, der Schöpfer, ruhte am siebenten Tage, und so soll auch der Mensch, als das im Ebenbilde Gottes geschaffene Wesen, an diesem Tage ruhen.

Die zweite Fassung des Gebotes wird vom sozialen Ethos her bestimmt: Hier ist nicht der Schöpfergott intendiert, sondern der Retter, der Israel aus der Sklaverei befreit hat.

Schalom Ben-Chorin

Die zehn Gebote wurden von Juden und Christen bis in die Gegenwart überliefert. Sie haben eine lange Wirkungsgeschichte. Sie stellen für jede Gegenwart eine neue Herausforderung dar. Was Jesus vom Sabbatgebot gesagt, gilt von allen Geboten: Sie sind um des Menschen willen da und nicht der Mensch um ihretwillen (Mk 2,27). Von ihrem Ursprung her: dem Gott, der aus den ägyptischen Sklavenhäusern jeder Art herausführt, sind sie Weisungen auf dem Weg in die Freiheit. Ihre leitende Orientierung gewinnen sie immer wieder im Grundgebot, Gott und den Nächsten zu lieben wie sich selbst (Mk 12,29-31). Sie sind dann nicht mehr „Gebote“, sondern Impulse für ein erneuertes Leben.

Wolfgang Dietrich

Der Partner des Sabbats

Gott hatte die Schöpfung vollendet. Auch die Wochentage hatte Gott geschaffen – und zum Schluss, als Höhepunkt, als siebten Tag, den Sabbat. Der Sabbat der Schöpfung stand aber traurig da, denn er war ohne Partner. Alle anderen Tage hatten einen Partner, Sonntag ging mit Montag, Dienstag mit Mittwoch, Donnerstag mit Freitag. Nur er, der Sabbat, hatte keinen Partner.

Da sprach der Sabbat zu Gott: „Herr der Welten, alle anderen Tage haben ihren Partner. Wie kommt es, dass ich keinen Partner habe?"

Da antwortete Gott: „Auch du wirst einen Partner haben. Die Gemeinde Israel wird dein Partner sein."

Als dann die Israeliten auf ihrem Weg aus der Knechtschaft in Ägypten zu dem von Gott versprochenen neuen Land unterwegs waren, da standen sie vor dem Berg Sinai. Hier wollte Gott einen Bund mit dem Volk Israel schließen.

Und beim Bundesschluss sprach Gott zu den Israeliten: „Gedenket der Befreiungstat, mit der ich euch aus der Gefangenschaft in Ägypten herausgeholt habe und feiert deshalb den Sabbat zur Erinnerung an mich. Und gedenket der Worte, die ich einst nach der Schöpfung zum Sabbat sprach: Die Gemeinde Israels wird dein Partner sein."

Deshalb heißt es: „Gedenket des Sabbattages, ihn zu heiligen! Das bedeutet: dich ihm zu vermählen."

Jüdische Überlieferung

Ein Psalmlied für den Sabbattag

Gut ists, dem Ewigen zu huldigen
zu singen deinem Namen, Höchster.

Zu künden morgens deine Liebe
und deine Treue in den Nächten

auf Zehnsait und auf Harfe
zum Klingen auf der Zither.

Denn du erfreutest, Ewiger, mich durch dein Tun
und ob der Werke deiner Hände juble ich.

Wie groß sind deine Werke, Ewiger
sehr tief dein Planen!

Der leere Mann, er merkt es nicht
der Tor begreift dies nicht:

Wenn Böse sprossen wie das Gras
aufblühen alle Übeltäter –
dass sie getilgt für ewig werden!

Du aber – ewiglich erhaben, Ewiger!
Denn, siehe deine Feinde, Ewiger

denn, siehe, deine Feinde schwinden
zerstieben alle Übeltäter.

Und du erhöhest wie des Wildstiers mir ein Horn
ich bin getränkt mit frischem Öl.

Mein Aug erschauts an meinen Feinden
an Bösen, die da aufstehn wider mich
erhörens meine Ohren.

Der Rechtliche sprosst wie die Palme
wächst wie die Zeder auf dem Libanon.

Gepflanzt im Haus des Ewigen
und in den Höfen unseres Gottes sprossen sie.

Noch blühen sie im Alter
und werden markig sein und grün:

Zu künden, dass gerecht der Ewige
mein Fels, kein Unrecht ist an ihm.

Psalm 92 übertragen von Naftali Herz Tur-Sinai

HÜTE DEN TAG DER BEFREIUNG

Der Sabbat ist der Ruhetag der Juden. Aber zugleich – so wurde gesagt – ist der Sabbat das größte Geschenk, das die Judenheit der Menschheit gemacht hat.

Immer, wenn die Menschheit dieses Geschenk wahrnimmt, ist es ihr zum Wohle. Immer, wenn die Menschheit dieses Geschenk zurückweist oder es verdrängt, fällt sie ins Verderben.

Die Verderblichkeit des Nationalsozialismus ging zusammen mit der Wut gegen die Juden und damit auch gegen den Tag des Ruhens. Wütend hat man die Juden und den von der Judenheit geschenkten Ruhetag zerstört. Das war menschliche Selbstzerstörung.

Am Abend vor dem Sabbat bei sinkender Sonne entzündet die Frau des jüdischen Hauses das Sabbatlicht. Wo immer das Licht zu Beginn einer Ruhezeit angezündet wird, leuchtet Hoffnung auf für den Fortgang der Welt.

Jüdische Hoffnung ist auf einen, den großen, den endgültigen Sabbat gerichtet, der – nach einer alten Sage – eintritt, wenn ein vorauslaufender Sabbat ohne alles menschliche Machen verlaufen ist. Menschheitliches Hoffen richtet sich auf den Tag, an dem der Wahn der Machbarkeit aufgehört hat, das Leben zu bestimmen, zu verstören, zu zerstören.

Den Grund des Sabbats sieht eine jüdische Überlieferung – und mit ihr eine Überlieferung von Christen – im Ruhen des Schöpfers am siebten Tag. Der Mensch, der „am siebten Tag“ die Hände von der Arbeit und allem Zwang des Machens loslässt, kann teilhaben an der Freude, dass die Schöpfung von ihrem Ursprung her „sehr gut“ ist.

Der Sabbat ist der Tag des Seins, nicht des Habens oder Machens.

Dass der siebente Tag dem Schöpfer geheiligt wird, heißt zugleich, dass das Sein seiner Schöpfung zum Vorschein kommt. Sabbat ist Feier des Seins.

Der Sabbat kann auch unter Christen seinen Platz am Samstag haben, der ja – laut Duden – vom hebräischen „Sabbattag“ hergeleitet ist. Der Sonntag ist von seinem Ursprung her Feier der Auferstehung Christi. Er kann auch die Bedeutung gewinnen einer Feier des erneuerten Seins der ganzen Schöpfung.

Wolfgang Dietrich

Fromme Werke

Rabbi Hillel verabschiedete sich von seinen Schülern und verließ das Lehrhaus. Aber die kamen ihm nach, um ihn zu fragen, wohin er gehen wolle.

„Ich gehe, um ein frommes Werk zu tun.“

„Was für eines denn?“

„Ich geh ins Bad.“

„Ins Bad?“ riefen sie erstaunt. „Was ist denn daran fromm?“

Sagte der Meister:

„Ihr seht hier überall Statuen und Bildnisse der Fürsten aufgestellt, vor dem Theater, an den öffentlichen Plätzen; und ihr könnt beobachten, mit welcher Sorgfalt sie immer wieder gereinigt und frei von Staub gehalten werden. Verdient da unser Leib, nach dem Bilde Gottes gemacht, nicht gleiche Sorgfalt und gleiche Ehre?“

Jüdische Überlieferung

Sabbat II

Heute ist
die Haut der Erde
zart

das Messer schläft
das Feuer schläft

Am Scheitel der Mutter
der Friedensengel
bewacht das Haus

Weißbrot und Wein
Gast
unser König

Wir singen
den siebenten Tag
wir rühmen
die Ruh

Rose Ausländer

Sechs Tage kannst du schaffen, aber am siebenten Tage sollst du aufhören!

Exodus/2. Mose 34,21a übertragen von Hans Walter Wolff

Am Sabbat lebt der Mensch, als hätte er nichts, als verfolgte er kein Ziel, außer zu sein, d. h. seine essentiellen Kräfte auszuüben – beten, studieren, essen, trinken, singen, lieben.

Erich Fromm

Gott will, dass wir ihn durch Nichtstun ehren.

Otto Hermann Pesch

„Fron" war der Name für das Leben der Hebräer im „Sklavenhaus Ägypten". Fron ist Arbeit unter Druck. Der Sabbat wurde daher zum Fest der Befreiung aus Fron. Und der Gott der Hebräer wurde erfahren als der Befreier, der aus der Fron herausführt. Als solcher stellt er sich vor, und sein befreiendes Wirken wurde zum Vorspruch und Vorzeichen aller sogenannten Gebote. Leider nur hat man das später lange und nachhaltig und mit beklemmenden Folgen vergessen.

„Stress" ist der Name für die Lebensart vieler heutiger Menschen, sofern wir meinen, frei zu sein, und uns doch selber verknechten. Stress ist Leben unter Druck. Der Sabbat könnte von daher zum Fest der Befreiung aus Stress werden. Und Gott, sofern er etwas mit gelebtem Leben zu tun hat, hätte etwas zu tun mit befreienden Kräften, die uns zur Stressüberwindung helfen können. Er hätte es zu tun mit der „Wonne" des Sabbats, mit der Lust, einfach da zu sein, mit Phantasie und Vorstellungskraft (Imagination), die sich befreiend ins Spiel bringt als Alternative zum dumpfen Druck.

„Samstags gehört Vati mir", hieß eine Parole beim Kampf um die Fünf-Tage-Woche. Die Werbeleute, die sie den Arbeiterkindern in den Mund gelegt hatten, bewiesen einen nicht schlechten Instinkt. Erstens geht unser „Samstag" rein sprachlich –wie schon erwähnt – zurück auf das Wort „Sabbat". Auch rein sachlich hat gewiss die Sache des freien Samstags mit dem Sabbat zu tun. Zweitens zeigt sich ein gutes Gespür dafür, dass der Sabbat eine Angelegenheit der Gemeinschaft ist, einer vom Arbeitsdruck befreiten Gemeinschaft. Drittens handelt es sich um eine Gewerkschafts-Parole, eine Parole organisierter Arbeiterschaft. Endlich einmal gehen ein biblisches Ursprungsmotiv – der Sabbat – und ein Lebensinteresse der Arbeiterschaft – der freie Samstag – ineinander. Endlich einmal kommt in Sicht, worum es beim Arbeitskampf der Hebräer im alten Ägypten ging – ganz am Anfang der Bibel: um den erweiterten Freiraum – den Spielraum des Lebens – inmitten der Zwänge der Arbeit. – Wenn heute dieser Freiraum wieder preisgegeben werden soll zugunsten ununterbrochenen Betriebs der gewinnbringenden Maschine, dann müsste sich endlich einmal bewähren, was allzu lange verdrängt worden ist: dass Arbeiterprotest und biblische Grundüberzeugung zusammenstehen.

Wolfgang Dietrich

Der Rabbi als Äpfelverkäufer

Zu Rabbi Chajim von Sandez kam an einem Freitag früh eine arme Frau händeringend und führte Klage, sie habe keine Geldmittel, um für den Sabbat die Mahlzeit vorzubereiten und den Hunger der Kinder zu stillen. Der Rabbi fragte sie, warum sie denn nicht tags vorher, als die Verteilung stattfand, gekommen sei, worauf die arme Frau zur Antwort gab, dass sie keine Almosenempfängerin sei, keine sein wolle. Sie habe unweit des Rabbihauses einen Stand, an dem sie Äpfel verkaufe und davon sich und ihre Kinder ernähre. Doch als sie gestern um die letzten 2 Gulden von einem Bauer einen Sack Äpfel kaufte, machte sie ein schlechtes Geschäft, denn sie seien ungenießbar und nicht zu veräußern. Der Rabbi antwortete ihr beruhigend: „Was Gott als Genuss des Menschen schuf, muss genießbar sein, und es ist eine Lästerung Gottes, wenn man behauptet, es sei ungenießbar." Die Frau wendete ein: „Rabbi, nicht ich bin daran schuld, sondern die Leute, die meinen Stand meiden, ich will doch sagen, dass die Menschen schlecht sind." Der Rabbi sprach befehlend: „Geh an deinen Stand zurück, weder die Äpfel noch die Menschen, die Augäpfel Gottes, sind schlecht, nur vermochtest du nicht, beim Stand geschickt umzugehen." Kaum war die Frau bei ihrem Stand angelangt, als auch der Rabbi dort erschien. Er schob die Frau sanft zur Seite und nahm ihren Platz ein. Und nun schrie er aus ganzer Kehle: „Zwei Äpfel für einen Fünfer!" Freilich ging kein Mensch vorüber, ohne vom Rabbi Äpfel zu kaufen, und alle Leute strömten nach und nach herbei, um von „seiner Hand" das Sabbatobst zu empfangen. Als er mit dem Verkauf fertig war, lachte der Rabbi und sprach zur Frau: „Die Äpfel sind gut, die Menschen erst recht, nur muss man mit den beiden gut umgehen können."

Chassidische Überlieferung

Befreiendes Geschenk

Der Sabbat entspringt
dem Schöpfungswerk,
– ein großes Innehalten,
das sich an allem
Geschaffenen
freut.

Der Sabbat entspringt
dem Rettungswerk,
– ein großes Durchatmen,
das mit allen
Geplagten
die Tage der Fron
hinter sich lässt.

Siehe, der Sabbat ist
ein befreiendes
Geschenk
aus zweierlei Gnaden.

Wolfgang Dietrich

Du sollst den Sabbat eine Wonne nennen.

Jesaja 58,13 übertragen von Hans Walter Wolff

Es kann sein, dass eine oder einer oder zwei oder auch mehrere inmitten des Getümmels einer Stadt oder der Hektik der Geschäfte sich niedersetzen und rasten und aufatmend Ruhe halten, und das ist ihre Wonne und ein Stück Sabbat mitten im Alltag.

Es kann sein, dass einzelne oder einige oder ganze Gruppen in den Gottesdienst gehen, und sie werden in der Kirche offen für Gott und für die Menschen und für die geschaffene Welt und erfahren sich aufgerichtet durch Kräfte der Auferstehung, und das ist ihre Wonne und eine Stück Sabbat mitten im Sonntag, dem Tag der Auferstehung.

Es kann sein, dass eine Familie in der Wohnung sich zusammenfindet, und die Mutter des Hauses hat am Freitagabend zwei Kerzen entzündet (symbolisch für „gedenke und hüte" den Sabbat), und der Tisch ist festlich gedeckt, und zwei eingewickelte Brote liegen darauf (zur Erinnerung an die Doppelversorgung mit Manna in der Wüste), und der Kelch steht da und Salz, und der Hausvater wird den Segen – den Kiddusch – sprechen, und es gibt Gesänge und Lieder und Lesungen, und das ist ihre Wonne und ein Stück Sabbat mitten im „Schabbat" oder im „Schabbes" unter denen, die die Stammhalter des Sabbats sind, die Bewahrer seiner geprägten Form.

Es kann sein, dass Menschen ergriffen oder überwältigt oder durchdrungen werden von der ungeheuren Freude und dem wunderbaren Bewusstsein, einfach da zu sein oder auch füreinander, miteinander, ineinander da zu sein, dass sie von Liebe erfüllt sind und etwas aufstrahlt wie ein Schöpfungsmorgen, und das ist ihre Wonne und ein Stück Sabbat in einer weithin trübe und trist anmutenden Welt.

Es kann sein, dass eine oder einer einzeln für sich oder das Zusammenwohnende sich am Abend eine Stunde herausnehmen und im Bilderbuch des nun vergehenden Tages blättern und einer unverhofften Szene oder Begegnung nachsinnen und eine freie Seite ihres Notizbuches beschreiben oder bemalen oder dass sie mit ihren Augen auf Farben schauen oder dass sie mit ihren Ohren Töne hören oder dass sie mit ihren Nasen Düfte riechen oder dass sie mit ihren Händen Gestalthaftes tasten, und das ist ihre Wonne und ein Stück Sabbat beim Übergang des Abends in die Nacht und weiter in den neuen Morgen.

Wolfgang Dietrich

Der Duft des Sabbaths

Der römische Kaiser fragte einmal den Rabbi Josua ben Chananja: „Wie kommt es, dass eure Sabbathspeise so einen köstlichen Geruch hat?“ „Wir benutzen“, antwortete er, „ein gewisses Gewürz, das Sabbath heißt, und tun es in die Speise. Daher kommt der köstliche Geruch.“ „Dann gib uns doch etwas von diesem Gewürz“, bat der Kaiser. „Das würde dir nichts nützen“, antwortete der Rabbi. „Es nützt nur dem, der den Sabbath hält. Für den, der den Sabbath nicht hält, ist es nutzlos.“

Aus dem Talmud, B. Sabbath 119a

So schwer es dir fällt: aufhören. Damit dir die große Erleichterung zufällt.

Du musst nicht meinen, dass du durch pausenloses und ununterbrochenes Tun und Machen dein Leben sichern – rechtfertigen – kannst.

Du musst nicht denken, dass das eine menschenwürdige Anzeige ist, wenn dann – vielleicht von dir – in der Zeitung geschrieben steht: Sein oder ihr Leben war nur Arbeit. Es könnte oder müsste statt dessen geschrieben stehen: Er oder sie hat es ein ganzes Leben lang nie gelernt, mit der Arbeit aufzuhören und Sabbat zu halten.

Sabbat ist ein hebräisches Wort und müsste eigentlich ausgesprochen werden „Schabbat“. Das hebräische Wort „schabbbat“ heißt auf deutsch nichts anderes als: „aufhören“, „loslassen“.

Der Sabbat ist das Fest des Aufhörens und Loslassens, das Fest des Entkrampfens und Entspannens, das Fest des Innehaltens und Verweilens, das Fest des Aufschauens und Wahrnehmens.

Der Sabbat – als Zeit des Aufhörens und Loslassens – kann der Samstag oder der Sonntag sein. Es kann auch der Abend – der Feier-Abend – sein, an dem ich Abstand genommen habe vom Tagewerk. Aber auch der Alltag, der normale Arbeitstag, kann voll sein von Elementen des Sabbats, von Sabbataugenblicken.

Wolfgang Dietrich

Engelsgruß

Bringt uns den Frieden, ihr Engel des Friedens,
die uns der Herr heut zum Sabbat gesandt,
bringt uns die stille, die heilige Freude,
die sich seit je mit dem Sabbat verband!

Kommt in das Haus, das wir festlich euch schmückten,
kommt wie ein lange erwarteter Gast,
bringt uns den Frieden und bringt uns die Ruhe,
nehmt von dem Herzen uns jedwede Last!

Segnet uns milde und was uns bedrückte,
Kummer und Ängste, Schmerzen und Leid,
lasset am Festtag zu Boden es sinken
wie eines Wanderers staubiges Kleid!

Lasst uns vergessen, dass wir nur müde,
sorgengeplagte Streiter sind,
lasst uns dem gütigen Gotte vertrauen,
wie auf den Vater vertrauet ein Kind!

Und wenn ihr scheidet, scheidet in Frieden,
lasst einen goldenen Schimmer zurück,
dass auch den grauen Werktag erhelle
uns noch ein Abglanz vom Sabbatglück!

Lisa Tarlan, Wien 1913

Sabbat und Sonntag

Sabbat und Sonntag: man muss sie in *einem* Atemzug nennen, in *einem* Gedanken umschließen, in *einer* Liebe bewahren. Davon haben die alten Meister und Lehrer in Sorge und Vertrauen geredet. „Mit was für Augen blickst du den Herrentag an, da du den Sabbat nicht in Ehren hältst?“ so lautet der Vorwurf des Gregor von Nyssa, und er fügt hinzu: „Weißt du nicht, dass diese Tage Brüder sind?“ Geschwisterlich kommen sie uns in den Sinn: der Vorbeter in der Synagoge am Freitagabend und der Rufer im schlesischen Herrnhut, der die Tageslosung in die Häuser trägt: sie sind uns nahe in Zeit und Raum.

Der Zeitgenosse freilich, dem das Journal, die Zeitung, vor die Türe gelegt wird, hat es nicht leicht, die Umgrenzung unseres Daseins in Zeit und Raum wirklich – und wohltätig zu verstehen. Gewiss: ein Datum wird uns täglich neu gegeben, sagen wir: ein Herbsttag in einem Jahr am Ende des zweiten Jahrtausends, und Raum wird uns angedeutet; ja: mehr Raum als je die Vorväter wahrnehmen konnten: Bosnien, China, Israel, Russland, und dieses bildersüchtige Geschlecht, dieses bilderdurstige Zeitalter wird mit Fakten überschüttet; aber mit welchen Gaben? Oft genug will es uns so erscheinen, als seien beide, Raum und Zeit, Schauplätze der Geschichte, austauschbar und unverbindlich.

Unverbindlich und austauschbar: das ist der Sabbat in der Wormser Synagoge nicht, und der Ostermorgen in Königsfeld im Schwarzwald ist es nicht; denn ihr Raum ist wirklich Raum, ihre Zeit ist wirkliche Zeit.

Ihre Zeit ist dieses „Jetzt“, in dem eine kleine Schar von Überlebend-Zurückgekehrten sich wieder zusammenfinden kann, und sie blicken auf das große Ehegestern ihres alten Friedhofs, den Gräbergarten, jahrhundertealt. In diesem „Jetzt" bleibt als Nachklang unverklungen das große Sch'ma als eine Zeit, in der gelebt, gelitten, gestorben, aber auch gesungen, gejubelt wurde:

„Höre Jifsrael:
ER unser Gott, ER einer!
Liebe denn
IHN deinen Gott
mit all deinem Herzen, mit all deiner Seele,
mit all deiner Macht.
Es seien diese Reden, die ich heutzutage dir gebiete, auf
deinem Herzen,
einschärfe sie deinen Söhnen,
rede davon,
wann du sitzest in deinem Haus und wann du gehst
auf den Weg,
wann du dich legst und wann du dich erhebst,
knote sie zu einem Zeichen an deine Hand,
sie seien zu Gebind zwischen deinen Augen,
schreibe sie an die Pfosten deines Hauses
und in deine Tore!"

Reden (Deuteronomium/5. Mose) 6,4-9
übertragen von Martin Buber

Vor dem siebenarmigen Leuchter gehen die Wünsche und Erwartungen drei Tagesstufen hinauf, verharren für einen Tag auf der Höhe, und gehen drei Tagesstufen wieder hinab; im Verharren auf der Höhe aber umgeben sie den einen Tag mit aller Herrlichkeit und Liebe: im Gewand, in der Mahlzeit, in Gruß und Ruf, im Chorlied des Psalters.

Leiser ist die Königsfelder Frühe: eine Stimme wagt das „Der Herr ist auferstanden“, und die Gemeinde nimmt es auf: „Er ist wahrhaftig auferstanden.“

In dem großen elften Kapitel der „Bekenntnisse“ meditiert Augustinus – es ist ein unvergänglicher Text – über die Zeit; es ist etwas wie eine große Heimholung der Tage und der Jahre:

„Deine Jahre gehen nicht und kommen nicht;
aber unsere Jahre hier – sie gehen und kommen,
und so nur können sie alle kommen.
Deine Jahre stehen ein für allemal zugleich,
eben weil sie stehen,
und da werden gehende nicht von andern,
die nun kommen, verstoßen,
weil ja keine vorübergehn:
aber unsere Jahre hier
werden dann erst sie alle samt und sonders sein,
wenn sie allesamt nicht mehr sein werden.
Deine ‚Jahre sind ein einziger Tag‘,
und Dein Tag ist nicht ein ‚Tag um Tag‘,
sondern eine ‚Heute‘,
weil Dein heutiger Tag nicht einem morgigen weicht,
wie er denn auch nicht einem Gestern folgt.
Dein Heute ist Ewigkeit.“

Augustinus, Bekenntnisse, Elftes Buch

Tage und Jahre erkennen sich als Gottes Zeit, sie sind Gottes Schöpfung. „Abend ward und Morgen ward: zweiter Tag": so lesen wir's in Martin Bubers Verdeutschung auf dem ersten Blatt der Schrift, und beide sind angesehen und umschlossen: Sabbat und Sonntag.

Der Sabbat ist abendlich: er beginnt am Abend, und dieser Abendbeginn zeichnet ihn aus, aber er ist freilich ein ganzer Tag. Er beginnt als Ruhe, aber die Ruhe ist nicht Ausklang, Erschöpfung; sie ist Klang und Schöpfung; sie ist Fülle, das Fest. Israel hat in seiner ganzen Geschichte nicht aufgehört, den Sabbat zu rühmen: für diesen einen Tag sind die Tage, was sie sind: Vorläufer und Nachhall. Er ist der geheiligte Tag, das ist: er ist der besondere Tag, und er ist es durch ein Gebot vom Sinai. In das Gebot ist eingewoben wie Muster in ein Gewand eine eigene Strenge und eine eigene Schönheit. Die Strenge bringt den Verzicht – und er kann „Mühe" heißen; einige Kapitel der Sabbatheiligung können auch Schmerzensgeschichte genannt werden: „Du sollst *nicht* …" Aber eingewoben ins Gewand ist der Goldfaden einer eigenen Freiheit, eine Lossprechung von den „Weltgeschäften", ein menschenfreundliches „Du darfst". Und hier hat Israel allen Knechten und Mägden, allen Dienstverpflichteten, ja aller Kreatur einen großen Dienst getan. Im letzten Kapitel der „confessiones" von Augustinus münden die Zeitmeditationen in das Glück, im Sabbat geborgen zu sein:

„Herr, Gott, gib uns Frieden
– alles hast Du uns ja geschenkt –,
den Frieden der Ruhe, den Frieden des Sabbats,
den Frieden ohne Abend!
Denn jener herrliche Reigen lauter sehr guter Dinge,

wenn sein abgemessener Lauf vollendet ist,
wird er vergehen.
Der siebte Tag aber ist ohne Abend
und hat keinen Sonnenuntergang,
denn Du hast ihn geheiligt zu ewiger Dauer.
Und wenn Du nach all deinen sehr guten Werken
am siebten Tage ruhtest,
obschon Du sie in Ruhe vollbracht,
so soll dies Wort Deines Buches uns verkünden,
dass auch wir nach unseren Werken,
die nur darum sehr gut heißen können,
weil Du sie uns schenktest,
am Sabbat des ewigen Lebens ruhen werden in Dir.
Denn dann wirst Du auch in uns ruhen,
so wie Du jetzt in uns wirkst,
und so wird jene unsere Ruhe die Deine sein,
wie auch diese unsere Werke die Deinen sind.
Du aber, Herr, wirkest immer und ruhest immer,
schauest nicht in der Zeit,
bewegst Dich nicht in der Zeit
und ruhest nicht in der Zeit
und wirkest dennoch zeitliches Schauen
und die Zeit selbst und die Ruhe am Ende der Zeit.“

Augustinus, Bekenntnisse, Dreizehntes Buch

Der Sonntag ist morgendlich. Er beginnt in der frühesten Frühe. Die Matutin der Mönche ruft in ihren Ordnungen den Ostermorgen herbei als den Tag der Auferstehung. Und die Sonntagsheiligung ist die Bindung unseres Lebens an die geheime und die offenbare Gegenwart Jesu, an seinen Weg in diese Welt: zum Berg der Seligpreisungen, zum Sturm auf dem Meer, zur „Schule“ in Kapernaum, zum Garten Gethsemane, zum Kreuz, zum „Siehe, ich bin bei euch alle Tage“.

Die Luft des Neuen Testaments ist Morgenluft; die Stunde der Jünger ist die Stunde, die dem Petruswort folgt: „Wir haben die ganze Nacht gearbeitet und nichts gefangen, aber auf dein Wort …“ Sie ist die Stunde des *Anfangs*, die Stunde der Müdigkeits-Überwinder, die „Dennoch“-Stunde. Die Freude des Anfangs ruft nicht nach Geboten und nicht nach Verboten; sie erfährt die Menschlichkeit Gottes in der Gestalt, die sie anrufen darf: „Bleib bei uns …“, ihre Antwort ist das brennende Herz der Emmaus-Jünger: „Brannte nicht unser Herz in uns, da er mit uns redete auf dem Wege, als er uns die Schrift öffnete?“ „Sabbat-Sonntag“, abendlich-morgendlich: das mag sich vermischen: Emmaus ist Abendstunde, und im späten Rezitativ der Matthäuspassion von Johann Sebastian Bach wird in die neutestamentliche Anrufung am „großen Sabbat“ Adam einbezogen und auch Noah: „Am Abend, da es kühle war, ward Adams Fallen offenbar“, und: „Am Abend kam die Taube wieder“, und „O schöne Zeit, o Abendstunde“. „Abend ward – Morgen ward“: die Reihenfolge dieser Erfahrung wird gelten, und so denn auch die Reihenfolge unserer Wahrnehmung: Sabbat – Sonntag. Wir trennen nicht, was sich so vor uns und für uns ereignet hat. In dem großen Morgenlied der Kirche, in Paul Gerhardts Lied von der „güldenen Sonne“ ist diese Reihenfolge, dem Dichter vielleicht fast unbewusst, eingehalten: „Abend und Morgen / sind seine Sorgen.“

Die von Raum und Zeit Verstörten erfahren ihre Verlorenheit als Angst. Aber in ihre Angst dringt die Stimme der Ewigen Liebe: „Und auch dich lockt Er aus dem Rachen der Angst, und stellt deine Füße auf weiten Raum, da keine Bedrängnis mehr ist."

Das steht im Buch Hiob und hat Israel oft erreicht, zuletzt war es, wie berichtet wird, im Berlin 1942 für die Untergetauchten ein besonderes Trostwort; und es gilt auch für die Christenheit – und will wirksam werden in beiden: im Sabbat und im Sonntag.

Albrecht Goes, September 1995

Auferstehung

Manchmal stehen wir auf
Stehen wir zur Auferstehung auf
Mitten am Tage
Mit unserem lebendigen Haar
Mit unserer atmenden Haut.

Nur das Gewohnte ist um uns,
Keine Fatamorgana von Palmen
Mit weidenden Löwen
Und sanften Wölfen.

Die Weckuhren hören nicht auf zu ticken.
Ihre Leuchtzeiger löschen nicht aus.

Und dennoch leicht
Und dennoch unverwundbar
Geordnet in geheimnisvolle Ordnung
Vorweggenommen in ein Haus aus Licht.

Marie Luise Kaschnitz

Gottes Ruhetag – Unser Ruhetag
Auferstehungstag – Unser Freudentag

Schabbat, Ruhetag – in unvergesslicher Weise erlebten wir ihn mit einer Gruppe Jugendlicher in Tel Aviv. Dorthin waren wir am Freitagnachmittag aufgebrochen, um nach harter Erntearbeit im Kibbuz ein freies Wochenende zu genießen. Zur Zeit des Sonnenuntergangs erreichten wir die Jugendherberge am Nordrand der weitläufigen Großstadt. Zwar waren wir darüber informiert worden: Der Schabbat beginnt nach jüdischem Brauch beim Einnachten, am Vorabend. „Abend und Morgen – ein Tag" laute die Formel zu Beginn der Bibel (Gen 1), das wisse hier jedes Kind. Und konkret bedeute dies: Da gibt es nur noch warm Gehaltenes und kalte Speisen. Der öffentliche Verkehr ist eingestellt, das Restaurant um die Ecke geschlossen. So suchen wir, müde von der Arbeit einer Woche nach kurzem Picknick die Nachtruhe, um früh am Schabbat-Morgen zur Erkundung der Stadt aufzubrechen.

Beizeiten von der Sonne geweckt, nehmen wir ringsum wohltuende Stille wahr. Die sonst pulsierende Großstadt ruht wie unter einer Glasglocke: Der Straßenlärm ist verstummt. Weder öffentliche Verkehrsmittel noch Taxis lassen sich blicken. Kein Mensch ist unterwegs. Zu Fuß brechen wir auf und hoffen, unterwegs eine Fahrgelegenheit zu finden. Doch wir ziehen an lauter geschlossenen Restaurants und Geschäften vorbei durch menschenleere Straßenzüge, und mit jedem zurückgelegten Kilometer schwindet die leise Hoffnung, bald einen Morgenkaffee und gar ein Brötchen genießen zu können – ach ja, es ist Schabbat!

Erst als wir mit beinahe wund gelaufenen Füßen die engen Gässchen der Altstadt Jaffa betreten, dringen menschliche Geräusche an unsere Ohren: fröhliches Kinderlachen, munteres Plaudern von Frauen und ein eigenartiger Singsang von Männerstimmen. In einem kleinen Nebengässchen treten wir durch die weit geöffnete Türe. Endlich! Eine Cafeteria, vermuten wir, ein kleines Restaurant. Etwas benommen vom langen Marschieren im gleißenden Sonnenlicht, setzen wir uns auf die erstbeste Holzbank beim Eingang – und werden, ehe wir uns versehen, mit freundlich einladender Geste willkommen geheißen. Wortlos bietet uns eine ältere Frau auf einem kleinen Tablett Süßigkeiten und ein Gläschen Schnaps an. Typisch orientalische Gastfreundschaft, denken wir. Und wie wir nach Kaffeemaschine und Speisekarten Ausschau halten, werden wir endlich gewahr, wohin wir uns verirrt haben. Wir sitzen keinesfalls in einem Restaurant, sondern in einer orientalischen Synagoge!

Mitten in den Schabbatmorgen-Gottesdienst sind wir hineingeplatzt: Dort in der Mitte liegt die geöffnete Schriftrolle auf dem etwas erhöhten Lesepult. Darum herum stehen jüngere und ältere Männer, angetan mit dem obligatorischen Käppi und dem Gebetsmantel. Halblautes Murmeln erfüllt den Raum. Martin Bubers Übertragung von Psalm 1 kommt mir in den Sinn: „der … über seiner Weisung murmelt tages und nachts!“ (Ps 1,2). Genau so wird hier aus der Tora rezitiert, biblisches Hebräisch im Sprechgesang. Ab und zu beteiligt sich einer der aufmerksam Mitlesenden, indem er ein Wort hervorhebt. Gleichzeitig balgen sich im Hintergrund Kinder, und ihre Mütter oder Großmütter plaudern munter weiter. Ein fröhliches Völklein, diese jemenitisch-jüdische Gemeinde (wie wir nachträglich erfahren)! Auch wenn wir von ihrem Gottesdienst nur wenig verstehen, spüren wir über allem den Glanz des Friedens, der in den hier üblichen Begrüßungen aufklingt: „Schabbat, Schalom“ – Frieden dank *Gottes Ruhetag!*

Text: Kurt Rose, Melodie: Joachim Schwarz

1.
Gottes Ruhetag nach dem Wunderwerk des Lichts,
der Geburt von Meer und Land
und der Fülle der Geschöpfe – Gottes Ruhetag.

So beginnt eines der neuen geistlichen Lieder von Kurt Rose[1], meisterhaft gefügt in vier kurzen Strophen zu je drei Zeilen ohne Reim. Die erste Strophe bezieht sich auf den staunenden Lobpreis über die Wunderwerke des Schöpfers zu Beginn der Hebräischen Bibel (Gen 1,1–2,3). Dort allerdings werden die Schöpfungswerke in sieben Strophen besungen, die sechs Mal in den Refrain münden: „Gott sah, dass es gut war" (Gen 1,4.10.12.18.21.25), nur einmal, nach Erschaffung des Menschen, gesteigert in: „Gott sah alles an, was er gemacht hatte, und siehe, es war sehr gut" (Gen 1,31). Doch damit nicht genug – das Schöpfungswerk wird nicht mit der Erschaffung des Menschen vollendet, nicht er ist die „Krone der Schöpfung", sondern Gottes Ruhetag! Befreiendes Loslassen. Aufatmen. Heilsame Unterberechung aller Aktivitäten: „… und er ruhte am siebenten Tag, … segnete den siebten Tag und heiligte ihn" (Gen 2,2). Erst dadurch wird das Wunderwerk alles Geschaffenen zum Gesamtkunstwerk, im gelassenen Dasein ohne Verzweckung, ohne Berechnung von Aufwand und Nutzen. Das ist die Pointe des Schöpfungswerks: „Gottes Ruhetag nach dem Wunderwerk des Lichts, / der Geburt von Meer und Land / und der Fülle der Geschöpfe – Gottes Ruhetag." Wer diese drei Zeilen still für sich liest, vielleicht in gemächlichem Grundpuls vor sich hinmurmelt und dabei darüber nachsinnt, spürt etwas von der Gestaltungsfreude des Dichters, das Staunen über das Siebentagewerk kurz und bündig, in nur drei Zeilen auf den Punkt zu bringen![2]

„Gottes Ruhetag nach dem Wunderwerk des Lichts": In Familien jüdischen Glaubens wird der Schabbat am Vorabend, etwa eine Stunde vor dem Einnachten mit dem Entzünden der Schabbat-Lichter eröffnet. Um die Zeit, da die ersten drei Sterne am Himmel erscheinen, entzündet die Frau des Hauses zwei Schabbat-Kerzen. Sie bedeckt mit ihren Händen die Augen und segnet Gott: „Gesegnet seist Du, Ewiger, unser Gott, König der Welt, der uns durch Seine Gebote geheiligt und uns befohlen hat, das Schabbat-Licht anzuzünden"[3]. Festlich gestimmt wendet sich die Familie der Eingangstür zu und besingt den Schabbat wie eine königliche Braut: „Lecha Dodi – Auf, mein Freund, der Braut entgegen, den Schabbat wollen wir empfangen. Dem Schabbat entgegen, kommt, lasst uns gehen, denn er ist die Quelle des Segens von Anfang her …"[4] Dass Gottes Ruhetag „Quelle des Segens" ist, kommt dann im Weitergeben des Segens zum Ausdruck: Vater und Mutter segnen ihre Kinder. Zwei Schabbat-Brote erinnern an die doppelte Ration des rettenden Mannas, das am Vortag zum Schabbat zur Verköstigung des befreiten Volks in der Wüste gesammelt wurde (Ex 16,4-5). Es ist genug Speise und Trank vorhanden. Der köstliche Schabbat-Wein steht bereit, der „Kelch des Heils", zum Überfließen gefüllt. Brot und Wein sind Zeichen für die Fülle der Gottesgaben, die weit über das zuerst erwählte Bundesvolk weiterwirken: Der Ruhetag soll allen Menschen zugute kommen. So wird Gottes Ruhetag *unser Ruhetag:*

2.
Unser Ruhetag, unsre Freiheit, offne Zeit,
Frieden über Feld und Stadt,
Singen, Segnen, Ruhn und Atmen – unser Ruhetag.

Der gütige Gott schenkt Lebensraum, Aufatmen, erfrischende Ruhe. Darin gibt er sich als Befreier zu erkennen. Das ist die Urerfahrung des aus der Sklaverei, aus den herrschaftlichen Zwängen herausgeführten

Volkes: „Ich bin der HERR, dein Gott, der dich herausgeführt hat aus dem Land Ägypten, aus dem Sklavenhaus." (Ex 20,2) So lautet der Einleitungssatz zu den so genannten Zehn Geboten, die treffender als „Zehn große Freiheiten" zu bezeichnen sind. Bezeichnend, wie dieses Moment der Befreiung bei dem nach hebräischer und reformierter Zählung vierten Gebot konkret entfaltet wird: „Denke an den Sabbattag und halte ihn heilig. Sechs Tage sollst du arbeiten und all deine Arbeit tun; der siebte Tag aber ist ein Sabbat für den HERRN, deinen Gott. Da darfst du keinerlei Arbeit tun, weder du selbst noch dein Sohn oder deine Tochter, dein Knecht oder deine Magd noch dein Vieh oder der Fremde bei dir in deinen Toren." (Ex 20,8-10)

Der Gott, der uns mit seinem Ruhetag beschenkt, lässt die Befreiung nicht nur seinem aus der Sklaverei befreiten Volk zukommen. Sein Ruhetag ist Geschenk an alle Menschen aller Schichten und Schicksale, auch an Fremde, ja auch an die vom Menschen domestizierten Tiere. Der Schabbat ist wohl das am nachhaltigsten weiterwirkende segensreiche Geschenk aus jüdischer Tradition – er müsste dem Weltkulturerbe zugerechnet werden. Er ist auch unser Ruhetag! Wiederum gelingt es dem Lieddichter die Bedeutung dieses Geschenks in drei kurze Zeilen zu fassen: „… unsre Freiheit, offne Zeit / Frieden über Feld und Stadt, / Singen, Segnen, Ruhn und Atmen – unser Ruhetag". Diese Zusammenklänge prägen sich ein: „Freiheit … Zeit … Frieden … Feld" und „Singen, Segnen". Merken wir, wie provokativ dieses Angebot in den beschleunigten Umwälzungen einer mehr und mehr global vernetzten Gesellschaft klingt? Übersetzt bedeutet dies doch nicht weniger als dies: Lasst euch vom Zwang der stets und überall gewährleisteten Erreichbarkeit befreien. Gönnt euch regelmäßig heilsame Unterbrüche, Pausen, Auszeiten. Verzichtet regelmäßig auf die grenzenlosen Möglichkeiten weltweiter Mobilität. Entdeckt das ungeteilte, ganz bei euch Sein in der Zwiesprache mit dem befreienden Gott und im Gespräch mit den Mitmenschen. Genießt die geschenkte Freiheit von allem Müssen und Sollen, die nicht zu verplanende offene Zeit. Wagt, was schon vor Jahrzehnten als „soziokulturelle Anomalie" bezeichnet wurde: Singt! Wagt, zu singen, allein oder mit andern zusammen! So kommt ihr zur Ruhe, zum Innehalten, zum Grundpuls eures Lebens überhaupt: Atem loslassen – Innehalten – Atem einströmen lassen. Was hindert uns, dies mit Kurt Roses Lied „Gottes Ruhetag – Unser Ruhetag" auszuprobieren? Zur Vorbereitung lesen wir die vier Dreizeiler in uns angemessenem Puls. Wir sprechen, murmeln halblaut vor uns hin, wie Psalm 1 empfiehlt. Vielleicht nehmen wir ein Instrument zu Hilfe, spielen die Melodie S. 60, summen mit. Wenn wir nun diese besondere Melodie in Verbindung mit den vier Strophen singen, erfahren wir an uns selber: Dieses Lied vermittelt genau das, was wir in den Turbulenzen unserer Zeit so dringend benötigen: Heilsame Entschleunigung. Wiederentdeckung der Langsamkeit. Andacht. Besinnung. So viel und nicht weniger als dies wird uns im Rhythmus des wöchentlichen Ruhetags geschenkt, den wir in christlicher Tradition als ersten Tag der Woche, als *Auferstehungstag* feiern.

> 3.
> Auferstehungstag: Gott hebt Jesus aus dem Tod,
> seinen Christus, Sohn und Herr,
> hebt uns alle in sein Leben – Auferstehungstag.

Aus der Zeit der ersten Christen ist außerhalb der biblischen Zeugnisse überliefert, „dass sie sich an einem bestimmten Tag vor Sonnenaufgang zu versammeln pflegten, um Christus als ihrem Gott ein Lied im Wechselgesang zu singen"[5]. Mit dem „bestimmten Tag" ist der Auferstehungstag gemeint, der erste Tag der jüdischen Woche, der Tag nach dem Schabbat, an dem der Auferweckte den ersten Zeugen erschien, wie die Evangelien übereinstimmend berichten. Die ersten Zeugen hatten erkannt, dass im Lebenseinsatz, Leiden, Sterben und Auferstehen des Jesus von Nazaret eine bahnbrechende und folgenreiche Wende geschieht: „Gott hebt Jesus aus dem Tod … hebt uns alle in sein Leben“!

Gottes Ruhetag als Auferstehungstag eröffnet einen tief greifenden Neuanfang, den Durchbruch unauslöschlichen Lebens, das alle Tode überwindet. Wenn sich Christen im Römischen Reich vor Sonnenaufgang versammelten, so geschah dies nicht aus Furcht vor Verfolgung, sondern in Erwartung der aufgehenden Sonne, die daran erinnert, dass der gütige und befreiende Gott über der von Not, Unterdrückung und Ungerechtigkeiten geplagten Menschheit die „Sonne der Gerechtigkeit“ aufgehen lässt (Mal 3,20). Die ersten Christen wagten, der damals gängigen Verehrung des „unbesiegbaren Sonnengottes“ zu widerstehen und Jesus als die wahre „Sonne der Gerechtigkeit“ zu verehren, als „Christus“ (gesalbter König), „Sohn“ (der von den Propheten verheißene „Menschensohn“) und „Herr aller Herren“. Eine kleine Ahnung davon hat sich in den Begriffen der romanischen Sprachen erhalten, im Italienischen „Domenica“, im Französischen „Dimanche“, nach dem lateinischen „dies dominica“ (Tag des Herrn, Offb 1,10).

Dieses Bekenntnis zu Christus als dem „Herrn aller Herren“ ist brisant, sogar hoch politisch. Hier wird radikale Herrschaftskritik angesagt: Gott stellt den „Herren der Welt“, ihren Anmaßungen, ihrem Größenwahnsinn, ihrer grenzenlosen Selbstüberheblichkeit, Zerstörungswut und Unmenschlichkeit echte Alternativen entgegen. Er lässt aus dem Lebenseinsatz des Jesus von Nazaret einen verheißungsvollen Neuanfang hervorgehen, einen Aufbruch zu neuen Ufern mit umfassend neuen Perspektiven. Davon handelt die vierte und letzte Strophe:

4.
Unser Freudentag. Ruhetag und Tag des Herrn,
hier beginnt die Friedenszeit
für die Menschen, für die Erde – unser Freudentag.

Von Gottes Ruhetag, vom Tag des Auferstandenen, fällt Licht auf die todgeweihte Welt. Auf Wege in der Gefahr. Auf menschliche Irrungen und Verwirrungen. Auf alles Auseinanderbrechen und Vergehen. Die Kurzzeile in der Mitte dieser letzten Strophe setzt einen letzten Akzent: „… hier beginnt die Friedenszeit“. Der Sonntag ist als „Freudentag, Ruhetag und Tag des Herrn“ ein Neubeginn. Nicht Abschluss, nicht Wochen-Ende, wie uns die meisten Agenden und Kalender suggerieren. Sondern erster Tag der Woche: „… hier beginnt die Friedenszeit“! Dies ist die letzte Vision der Bibel in ihren beiden Teilen: Alles wird in den umfassenden „Schalom“ münden, in endgültigen, umfassenden Frieden. Davon künden die Propheten des Alten Testaments. Davon zeugt das Neue Testament als vielstimmiges Echo auf Jesu Verkündigung und Handeln im Blick auf den Durchbruch von Gottes Liebe und Frieden. Davon kündet der wöchentliche Schabbat-Gruß jüdischer Mitmenschen: „Schabbat – Schalom!“ Denn beide, der jüdische Schabbat und der christliche Sonntag tragen den Keim der Heilung der Völkerwelt in sich. Und jeder Gottesdienst, ob jüdisch oder christlich, möchte einen Vorgeschmack davon vermitteln, ansteckende Freude, das befreiende Lachen „der ersten Freigelassenen der Schöpfung“! Von daher bietet schließlich auch der normale Werktag ungeahnte Chancen, glaubwürdig für die Menschen, für die Erde einzustehen.

Hans-Jürg Stefan

Anmerkungen

[1] Kurt Rose (1908-1999): Da war die Nacht. Da kam das Licht. Neue Geistliche Lieder, Strube-Verlag München 1987 (Ed. 1078), Nr. 49. Joachim Schwarz, der die Melodie zu diesen vier Strophen schuf, würdigt im Geleitwort der genannten Sammlung das Liedschaffen von Kurt Rose: „Kurt Rose, Schriftsteller, Pädagoge, früher auch als Prädikant tätig, schrieb in den letzten Jahren neben seiner sonstigen schriftstellerischen Tätigkeit den vorliegenden Zyklus für das Kirchenjahr und für besondere Feste. Er folgt damit einer Tradition, die wir in vielen Gesangbüchern von der Reformationszeit bis zur Gegenwart finden und in der immer wieder die Themen christlicher Feste in der Sprache der jeweiligen Zeit besungen wurden. Die Themen christlicher Feste in unserer Geistesverfassung zur Sprache und zum Singen zu bringen, war für Kurt Rose eine dringliche und notwendige Aufgabe. Damit wird eine Lücke im Bereich neuer geistlicher Lieder gefüllt."

[2] Der Schriftsteller und Liederdichter erinnert sich: „Als ich als Predigthelfer in Bad Münstereifel tätig war, fiel mir auf, dass es eigentlich nur ein einziges Sonntagslied gibt, nämlich ‚Gott Lob, der Sonntag kommt herbei' von 1671, das im EGK unter der Nummer 332 zu finden war. Diesen Stachel trug ich jahrelang mit mir herum. Erst viel später, im Jahre 1987, kam mir das Wort ‚Ruhetag' in den Sinn, ins Herz. Und dann machte es mir Spaß, die Werke Gottes, nach denen sein Ruhetag nötig wurde, in nur drei Zeilen aufzuzeigen. Nichts macht mir mehr Freude, als ganz kurz und bündig große Gegenstände oder Ereignisse darzustellen." – Aus: Das neue Lied im Evangelischen Gesangbuch. Lieddichter und Komponisten berichten. Archiv der Evangelischen Kirche im Rheinland. Hg. von Dietrich Meyer, Düsseldorf 1997, S.226f.

[3] Nach dem Gebetbuch der Israelitischen Cultusgemeinde: Siddur Schma Kolenu. Ins Deutsche übersetzt von Raw Joseph Scheurer, Verlag Morascha Basel/Zürich 1997, S. 219.

[4] Schabbatlied von Schlomo Alkabetz, a.a.O., S. 229.

[5] So der durch dieses Brauchtum irritierte Statthalter Gaius Plinius der Jüngere an Kaiser Trajan.

Gegensätzliche Stimmen
oder: Sonntags-Proteste

Ihr hört,
dass gesagt wird:

Walzt doch
den Sonntag
platt.
Ebnet ihn
in den Werktag
ein.
Macht ihn
unkenntlich.

Ich aber
sage euch:

Steckt
dem Sonntag
die Lichter
auf.
Begrüßt
seinen Morgen.
Feiert ihn
mit unverkennbarer
Lust.

Ihr hört,
dass gesagt wird:

Ich habe
keine Zeit.
Zu keiner Zeit
habe ich
Zeit.
So habe ich
auch den Sonntag
verloren.

Ich aber
sage euch:

Verweile doch
in
deiner Zeit.
Nimm dir
Zeit
für die Zeit.
Und wie eine Sonne
steigt dir
der Sonntag auf.

Ihr hört,
dass gesagt wird:

Am Sonntag
drehe ich auf.
Am Sonntag
fülle ich
den Tank.
Am Sonntag
erziele ich
Spitzengeschwindigkeiten.

Ihr hört,
dass gesagt wird:

Den Sonntag
gibt es nicht mehr.
Wir brauchen
den Sonntag
zur Arbeit.
Mein Blutdruck
erreicht am Sonntag
den höchsten Stand.

Ich aber
sage euch:

Lasst
euren Wagen
im Stall.
Lernt,
mit eigenen Füßen
zu gehen.
Wandert die offenen
Ufer des Sonntags
entlang.

Ich aber
sage euch:

Senkt
euren Puls.
Gönnt
euren Adern
den Atem.
Erholt euch
im Glanze
des unvergleichlichen
Tags.

Wolfgang Dietrich

Den Sonntag begrüßen und feiern

Die Unterbrechung der Arbeit ist für das Menschsein des Menschen wichtig. Der Mensch ist mehr als ein Rad im Getriebe, mehr als ein Arbeitstier, mehr als eine Funktion, mehr als ein Objekt, das man benützt. Er muss sich seiner eigenen Bedeutung bewusst werden. Er ist ein Wesen, das sich in Freiheit begreifen und immer wieder überschreiten will; ein Subjekt, das Verantwortung und Würde hat; ein Geschöpf, das aufrecht in der Welt stehen will und mit einem aufrechten Gang seine Weg gehen möchte. Er ist darüber hinaus ein soziales Wesen, das mit anderen Menschen, aber auch mit der ganzen Schöpfung vernetzt ist. Er will dieses Mitsein, das Miteinander erleben und feiern.

Eine Kultur des Sabbats bzw. des Sonntags ist darum nicht ein nostalgisches Postulat, sondern eine Frage, an der sich die Menschlichkeit der Gesellschaft entscheidet. Der Siebenerrhythmus der jüdisch-christlich-islamischen Welt gilt heute allgemein als eine Naturnotwendigkeit. Versuche, andere, etwa einen Zehnerrhythmus, einzuführen, haben sich nicht bewährt.

Der Sabbat ist der größte Beitrag, den das jüdische Volk für die Humanisierung der Welt geleistet hat. Das gilt unabhängig von einem religiösen Vorverständnis. Wer darüber hinaus den Menschen als ein Wesen versteht, das sich für das unsagbare Geheimnis – Gott – öffnen kann und nur im Vollzug solcher Offenheit Mensch ist, wird den Sabbat auch als existentielles Bedürfnis begreifen. Juden, Christen und Muslime sind sich in dieser Überzeugung einig, auch wenn sie den festlichen Ruhetag an unterschiedlichen Tagen begehen und ihn mit unterschiedlichen Ritualen feiern.

Der jüdische Theologe Abraham J. Heschel nennt den Sabbat: „Fenster, das sich aus der Ewigkeit zur Zeit hin öffnet …, Wonne für die Seele …, Freude für den Leib …, Tag des Lobpreisens …, Zeichen des Bundes …, Heiligtum in der Zeit.“ Der Sabbat ist sozusagen das vorweggenommene Ende der Welt, der Zustand, auf den alles hinläuft und in dem alles gut ist. Der Jude feiert das Ende der Woche.

Die ersten Christen haben sich noch nicht von den Juden abgesondert. Sie feierten als „Judenchristen“ den Sabbat. Was sie von den Juden unterschied, begingen sie am ersten Tag der Woche, an einem gewöhnlichen Werktag. Sie glaubten, dass die Fülle des Lebens den Alltag durchwirkt, dass Ostern, die Auferstehung Jesus bereits ein Ereignis unserer Zeit ist. Erst später feierten sie diesen ersten Tag der Woche als ihren Tag: den Sonntag, den Tag des Herrn, die Überwindung der Todesmächte durch Gott (Auferweckung), das Erwachen des Auferstandenen in den Gläubigen, die Fülle des Lebens, die universale Tischgemeinschaft, das Fest der gegenwärtigen Zukunft und der zukünftigen Gegenwart. Sie verboten sogenannte „knechtliche“ Arbeiten, mit anderen Worten alles, was unfrei macht, knechtet und die Würde behindert.

Die dritte Religion, die auf Abraham zurückgeht, der Islam, feiert die Unterbrechung am Freitagmittag. Gott soll durch Arbeit, Aktivität und Gelderwerb nicht vergessen werden. Es müssen mindestens 40 Männer sein, die die Durchführung des Freitagsgebetes erlauben. Zudem dürfen an einem Ort nicht gleichzeitig zwei Freitagsversammlungen stattfinden. Die Muslime wissen um die alles übersteigende Gegenwart Gottes.

Anton Rotzetter

Die folgende von der jüdischen Sabbatbegrüßung inspirierte Liturgie wurde als Ökumenischer Gottesdienst am Samstagabend in March bei Freiburg im Breisgau über mehrere Jahre hin einmal im Monat gefeiert (heute aufgrund veränderter seelsorglicher Strukturen nur noch gelegentlich). Sie kann in leicht veränderter Form auch am Sonntagmorgen verwendet werden. Einzelne Elemente eignen sich auch für eine persönliche Sonntagsbegrüßung oder als kleines Ritual vor dem Abendessen am Samstag, dem Sonntagsfrühstück oder zur Eröffnung der sonntäglichen Feier der Eucharistie, des Heiligen Abendmahls.

Rückblick auf die Woche und Einstimmung

Ruhige Musik

Gesang „Schweige und höre“ oder „Nada te turbe, nada te espante“ (Taizé)

Impulstext: aus diesem Buch z. B. S. 87f. oder aus dem Eschbacher Pocket „Lass meine Seele aufatmen“ S. 16, 20

Stille

Gesang

Eine Woche geht zu Ende. Wir blicken zurück auf die positiven und negativen Erfahrungen, was uns gut getan hat, was uns belastet…
– Stille –

Jetzt, am Schnittpunkt zwischen Arbeits- und Ruhezeit, jenem wöchentlichen Siebenerrhythmus, den die Bibel in ihren ersten Kapiteln eindrücklich schildert, verbinden wir uns mit den drei abrahamitischen Religionen. Wenn sie ihn auch an unterschiedlichen Tagen begehen, so sind sie sich doch darin einig,
– dass der festliche Ruhetag ein Fenster ist, das sich aus der Ewigkeit hin öffnet zur Zeit,

– dass er uns als ein Zeichen des Bundes und als ein Heiligtum in der dahineilenden Zeit von Gott gegeben wird.

So verbinden wir uns nun mit den Muslimen:
„Im Namen Gottes, des Gnädigen, des Barmherzigen“ haben am Freitagmittag die Muslime ihre Arbeit unterbrochen, damit die Arbeit, die Aktivität, die Erwerbstätigkeit „das Gedenken Gottes und die Erinnerung an Ihn nicht ersticken“. Im Freitagsgebet sprechen die Muslime:

> Im Namen Gottes,
> des sich Erbarmenden,
> des Barmherzigen!
> Preis sei Gott, dem Herrn der Welten,
> dem sich Erbarmenden,
> dem Barmherzigen,
> dem Herrscher am Tage des Gerichts.
> Dir allein dienen wir,
> und Dich allein bitten wir um Hilfe!
> Führe uns den geraden Weg,
> den Weg derer, denen Du gnädig bist,
> nicht derer, denen Du zürnst,
> und nicht den der Irrenden!

Wir verbinden uns mit den Juden:
Am Freitagabend versammeln sich die Juden in ihren Synagogen, um den Sabbat zu begrüßen:

> Dieser ist der Tag, den ER aufgetan hat.
> Jauchzen wir und freuen uns sein!
>
> *Psalm 118, 24 nach Martin Buber*

An dieser Stelle kann Psalm 92 „Ein Lied für den Sabbattag“ gesprochen (s. S. 37) oder gesungen werden (die Vertonung von Rolf Schweizer „Das ist ein köstlich Ding, dem Herrn zu danken“ findet sich in den meisten Gesangbüchern, im Reformierten Gesangbuch der deutschsprachigen Schweiz (RG 50) außerdem das Lied von Georg Schmid zu Psalm 92 „Am Morgen will ich singen“).

Wir verbinden uns mit den Christen aller Konfessionen:
Wir Christen sind eins mit den Juden und Muslimen im Genießen der Zeit, im Feiern des Daseins, im Aufblick zu Gott, in der Erfahrung der Gnade. Unser Tag ist der Sonntag, den wir nun mit dem Entzünden und Lobpreis des Lichtes begrüßen:

Lesung

aus dem Buch Genesis, Kap. 1, Verse 1-5 – in Erinnerung an die Weltschöpfung, die mit der Erschaffung des Lichtes begann:

> Am Anfang schuf Gott Himmel und Erde;
> die Erde aber war wüst und wirr,
> Finsternis lag über der Urflut,
> und Gottes Geist schwebte über dem Wasser.
> Gott sprach: Es werde Licht.
> Und es wurde Licht.
> Gott sah, dass das Licht gut war.
> Gott schied das Licht von der Finsternis,
> und Gott nannte das Licht Tag,
> und die Finsternis nannte er Nacht.
> Es wurde Abend, und es wurde Morgen:
> erster Tag.

oder Johannes 1,1-5 – in Erinnerung an die Neuschöpfung, die mit der Ankunft Christi begann:

Im Anfang war das Wort,
und das Wort war bei Gott,
und das Wort war Gott.
Im Anfang war es bei Gott.
Alles ist durch das Wort geworden,
und ohne das Wort wurde nichts,
was geworden ist.
In ihm war das Leben,
und das Leben war das Licht der Menschen.
Und das Licht leuchtet in der Finsternis,
und die Finsternis hat es nicht erfasst.

Lichtsegen

Gesegnet seist Du, Herr, unser Gott, König der Welt.
Am ersten Tag der Schöpfung
hast Du das Licht erschaffen.
Am ersten Tag der Woche
hast Du Deinen Sohn Jesus Christus,
das Licht der Welt,
von den Toten auferweckt,
um die neue Schöpfung zu beginnen.
Gesegnet seist Du, Herr unser Gott, König der Welt.
Du schenkst uns die Freude,
das Licht für den Tag des Herrn zu entzünden.

Eine Kerze entzünden (wenn möglich die Osterkerze)

Nun kann der armenische Lobpreis des Lichtes gesprochen werden (wenn möglich gemeinsam):

Gepriesen seist Du, Gott,
der Du die Lichter in der Höhe geschaffen
und der Du das Licht in den Himmeln
leuchten lässt über das All.
Du schufst, um Licht zu spenden,
die Sonne für den Tag
und den Mond und die Sterne für die Nacht
und das Licht der Kerzen.
Du bist das hochgefeierte Licht,
heiliges Urlicht,
vor Dir flieht die Finsternis.
Dein lebendiges Licht, Christus,
sende in unsere Herzen
und lass uns einmütig rufen:
Gepriesen sei der heilige Name
Deiner Herrlichkeit!
Wir preisen und verherrlichen Dich:
den Vater und den Sohn und den heiligen Geist
jetzt und in Ewigkeit. Amen.

Begrüßung des Sonntags

Wir wollen den Tag des Herrn
in Freude und Frieden willkommen heißen:

Einander ein Zeichen des Friedens geben

Lied „Gottes Ruhetag“, das die Kernworte des Sabbat-Sonntags besingt: Gottes Ruhetag – Unser Ruhetag / Auferstehungstag – Unser Freudentag (siehe dazu den Beitrag von Hans-Jürg Stefan, S. 58–67, der auch Anregungen für eine Liedpredigt gibt). Weitere Vorschläge: Lied „Gott Lob, der Sonntag kommt herbei“; Kanon „Vom Aufgang der Sonne bis zu ihrem Niedergang“; Lied nach Ps 94 „Kommt herbei, singt dem Herrn“ oder nach Ps 118 „Nun saget Dank und lobt den Herren; Lied „Manchmal feiern wir mitten im Tag ein Fest der Auferstehung“; oder ein Osterlied.

Schriftlesung
Entweder frei gewählter Bibeltext oder eine der Perikopen des entsprechenden Sonntags, evtl. mit kurzer Hinführung; nach der Schriftlesung: Antwortgesang – Stille/Instrumentalspiel

Lobgesang Mariens (Magnificat)

Fürbitten mit gesungenem Gemeinderuf

Vater unser

Stille

Segen

Der Segen Aarons (Numeri/4. Mose 6,24-26) in verschiedenen Übersetzungen zur Auswahl:

Der Ewige segne dich und behüte dich.
Der Ewige lasse sein Antlitz dir leuchten und sei dir gnädig.
Der Ewige wende sein Antlitz dir zu und gebe dir Glück und Friede.

Jüdisches Gebetbuch, Berlin 5762 – 2001

Der HERR segne dich und behüte dich.
Der HERR lasse sein Angesicht über dich leuchten und sei dir gnädig.
Der HERR wende sein Angesicht dir zu und schenke dir Heil.

Einheitsübersetzung 1980

Der HERR segne dich und behüte dich;
der HERR lasse sein Angesicht leuchten über dir und sei dir gnädig;
der HERR hebe sein Angesicht über dich und gebe dir Frieden.

Nach Martin Luther 1984

Der HERR segne euch und beschütze euch!
Der HERR blicke euch freundlich an und schicke euch seine Liebe!
Der HERR wende euch sein Angesicht zu und gebe euch
Glück und Frieden!

Die Gute Nachricht Bibel 1997

Lied „Der Tag, mein Gott, ist nun vergangen“ / „Du lässt den Tag, o Herr, nun enden“ oder ein anderes Abendlied

Am Sonntagmorgen kann man den Eröffnungsteil eines Gottesdienstes wie folgt gestalten:

- Eingangsmusik und / oder Morgenlied (z. B. „All Morgen ist ganz frisch und neu“, „Die güldne Sonne“, „Morgenglanz der Ewigkeit“, „Morgenlicht leuchtet“)
- Begrüßung
- Eingangswort, z. B. „Gepriesen seist du, Ewiger“ aus dem jüdischen Morgengebet (S. 79) oder Ps 67 (S. 81)
- Lichtsegen (S. 75, evtl. mit vorangehender Lesung Gen 1,1-5 oder Joh 1,1-5)
- Entzünden der Osterkerze
- (Kyrie-Rufe)
- (Begrüßung des Sonntags S. 76)
- Sonntagslied „Gottes Ruhetag“ (S. 60) oder „Gott Lob, der Sonntag kommt herbei“ (EG 162) oder Gloria-Gesang oder ein Osterlied
- Gebet „In der Frühe suche ich Dich“ oder „Dein Tag, Herr und Gott, soll mein Tag sein“ (S. 85f.) oder Tages-, bzw. Kollektengebet des jeweiligen Sonntags

Gepriesen seist du, Ewiger, unser Gott; du regierst die Welt. Du lässt das Licht scheinen, aber schaffst auch die Finsternis, du bringst Frieden, du schaffst alles. Alles lobt dich und alles preist dich, alles sagt: Nichts ist heilig wie der lebendige Gott! Du gibst der ganzen Welt und all ihren Bewohnern Licht, und durch deine Güte erneuerst du deine Schöpfung Tag für Tag. Wie zahlreich sind deine Werke, Gott. Sie alle hast du in Weisheit gemacht. Die Erde ist erfüllt mit deinem Eigentum. Gott, du allein bist erhöht seit jeher. Du wirst gepriesen und verherrlicht und erhoben seit den Tagen der Vorzeit. Ewiger Gott, in deinem großen Erbarmen erbarme dich über uns. Gott, du bist unsere Kraft. Du bist der Fels, den wir als Zufluchtsort haben. Du bist der Schutzschild zu unserem Heil. Du allein bist unsere Zuflucht! Gepriesen seist du Ewiger. Du schaffst das Licht.

Aus dem jüdischen Morgengebet

Einer der folgenden Psalmen:

Psalm 19

Der Himmel erzählt die Herrlichkeit Gottes,
was er getan hat, ist sichtbar überall in der Welt.
Ein Tag sagt es dem anderen weiter,
und was eine Nacht von Gott weiß,
sagt sie der nächsten ins Ohr.
Sie reden ohne Worte und ohne vernehmbare Stimme,
was sie erzählen reicht über das Land,

und an das Ende der Welt geht ihr Raunen.
Er hat der Sonne ein Zelt gemacht
hinter den Enden der Welt.
Sie kommt heraus, stark und fröhlich,
wie ein Bräutigam, der aus der Kammer tritt,
seiner Braut zu begegnen, und freut sich,
wie ein Held über den Himmel zu laufen.
Sie geht auf an einem Ende des Himmels
und läuft wiederum bis zum anderen,
nichts bleibt verborgen, wohin sie leuchtet.

Die Weisung Gottes ist ohne Fehler,
eine Wohltat ist sie der Seele.
Die Gesetze Gottes sind klar und rein
und machen die Augen hell.
Das Wort des Herrn ist rein und besteht auf ewig,
die Ordnungen des Herrn sind Wahrheit
und allesamt gerecht.
Kostbarer sind sie als Gold,
kostbarer als reines Gold.
Süßer als Honig sind sie,
als süßer Honigseim.
Eine Warnung sind sie mir,
wenn ich zur Rechten oder Linken irre.
Wer auf sie achtet, findet das Ziel.
Lass dir gefallen, was ich dir singe,
und höre, was mein Herz zu dir spricht,
Gott mein Fels, mein Erlöser.

Aus Psalm 36

Gott, deine Güte reicht, soweit der Himmel ist,
und deine Wahrheit, soweit die Wolken gehen.
Wie die Berge feststehen über den Tälern,
steht deine Gerechtigkeit fest über der Welt.
Wie das Meer unendlich sich breitet,
so ohne Grenzen ist deine Macht.
Wie kostbar ist deine Güte, Gott,
bei dir finden wir Menschenkinder Schutz.
Wir werden satt von den reichen Gütern,
die die Erde darreicht,
und du tränkst uns mit Wonne
wie mit einem Strom.
Denn bei dir ist die Quelle des Lebens,
und in deinem Lichte sehen wir das Licht.

Psalm 67

Eines wünschen wir uns:
dass Gott freundlich ist und uns segnet.
Dass er uns Licht gibt, das Licht seiner Liebe,
damit wir auf unserer Erde wissen,
welche Wege wir gehen sollen
und damit alle Völker das Ziel sehen,
zu dem er führen will.

Die Völker sollen dir danken, Gott,
danken sollen dir alle Völker.
Sie sollen sich freuen,

dass du Recht und Ordnung gabst
und deinen Willen behauptest
unter den Menschen.
Die Völker sollen dich preisen, Gott,
preisen sollen dich alle Völker,
dass du ihr Leben erhältst
mit Frucht aus der Erde.

Gott segne uns,
dass auch aus unserem Herzen
Frucht wächst: Glaube und Dank.
Es segne uns Gott, und alle Welt ehre ihn.

Aus Psalm 104

Ich will dich rühmen, mein Gott!
Wie bist du so groß!
Schönheit und Glanz sind dein Kleid.
Licht hüllt dich ein wie ein Schleier.
Du breitest den Himmel aus wie ein Zelt
und bist uns nahe in allen Räumen des Alls.
Wolken sind deine Wagen,
auf Flügeln des Windes fährst du dahin.
Fest ist die Erde, auf der wir stehen.
Du hast sie gegründet.

Du lässt Quellen rinnen zwischen den Bergen.
Du tränkst die Tiere auf dem Feld.
An den Ufern wohnen die Vögel
und singen unter den Zweigen.

Du tränkst die Berge mit deinen Wassern.
Aus deinen Wolken wird die Erde satt.
Du lässt Gras sprießen für die Tiere
und Saatgrün unter der Hand des Menschen.
Brot bringst du aus der Erde hervor
und Wein, der unser Herz froh macht.

Du hast den Mond gemacht,
der uns das Jahr teilt,
und die Sonne, die ihren Weg kennt
bis zum Niedergang.
Du schaffst die Dunkelheit.
In der Nacht regen sich die Tiere des Waldes.
Die jungen Löwen brüllen nach Nahrung
und fordern ihre Speise von dir.
Wenn die Sonne aufstrahlt,
kehren sie um und ruhen in ihren Höhlen.
Dann tritt der Mensch heraus an sein Werk
und tut seine Arbeit bis zum Abend.

Gott, unendlich reich sind deine Werke.
In Weisheit hast du sie alle geschaffen,
und die Erde ist deiner Schöpfungen voll.
Alles Preises würdig ist Gott.
Ich will ihm singen mein Leben lang.
Ich will ihm spielen, solange ich bin,
mir zur Freude und ihm zum Ruhm.

Psalm 148

Alles, was ist, rühme ihn, unseren Gott.
Stimmt ein, singt mit,
ihr, die oben sind, in der Höhe!
Singt mit, ihr Engel und das ganze Heer
seiner himmlischen Diener!
Singt mit, Sonne und Mond,
singt mit, ihr leuchtenden Sterne!
Singt mit, ihr Welten,
ihr unendlichen Räume im All!
Denn Gottes Werk seid ihr,
geschaffen von seiner Hand.

Stimmt ein, singt mit, hier auf der Erde!
Singt mit in der Tiefe des Meeres
und ihr an den Wolken des Himmels.
Singt mit, ihr Gewitter und Hagel,
singt mit, Schnee und Nebel!
Sing mit, du Sturmwind,
der sein Wort ausrichtet!
Singt mit, ihr Berge und Hügel,
ihr Fruchtbäume und ihr Zedern,
ihr Feldtiere, ihr Tiere im Haus,
ihr Tiere der Erde, ihr Vögel am Himmel!

Stimmt ein, singt mit, ihr Völker,
ihr Könige, ihr Richter der Erde!
Singt mit, Frau und Mann, Greis und Kind.
Rühmt ihn, euren Gott,

denn er allein ist würdig des Ruhms.
Seine Hoheit waltet,
so weit Himmel und Erde sind.
Singt ihm mit allen euren Stimmen,
ihr, seine Kinder, sein Volk!

Psalmübertragungen S. 79–85: Jörg Zink

Eines der beiden folgenden Gebete:

In der Frühe suche ich Dich

In der Frühe suche ich Dich,
herrlicher und heiliger Gott,
Licht, ewiger Glanz, schaffende Kraft,
und danke Dir für Deinen Tag.

Du schaffst Licht in der Finsternis,
Freude in den Traurigen,
Trost in den Schwermütigen,
Klarheit in den Verwirrten,
Leben in den Schwachen.
Schaffe Licht auch in mir
in der Frühe Deines Tages.
Dein Wort ist das Licht. Rede zu mir.
Deine Wahrheit ist das Leben,
schaffe Leben in mir,
dass ich den Tod nicht fürchte.

Ich bitte Dich um Licht für alle Menschen,

die Guten und die Bösen,
um Frieden bitte ich Dich für eine friedlose Welt,
um Erbarmen für eine Welt des Hasses
und der Armut des Herzens.
Sei Du uns nahe, damit wir Dir nahe sind.
Heile uns, geleite uns, segne uns.
Wir danken Dir für Deinen Tag.

Jörg Zink

Sonntag

Dein Tag
Herr und Gott
soll mein Tag sein
ein Tag der Freiheit und Freude
ein Tag des aufrechten Ganges und der Würde
ein Tag der neuen Welt
ein Tag des Bundes zwischen Dir und uns Menschen

Lass mich aufatmen
mit allen, die sich zu Dir bekennen
Lass mich feiern
mit allen, die Leben wollen
Lass mich teilen
mit allen, die du geschaffen hast
Lass mich das Leben empfangen
mit allen, die dem Tod geweiht sind

Anton Rotzetter

Lass es Sonntag werden

Schließ die Woche,
wie man ein Buch zuklappt.
Lass es Sonntag werden!
Eine uralte Erfahrung
verjünge dich:
Wer ruht,
kann Sinnvolles tun.
Wer ausatmet,
bekommt neue Luft.
Wer Gott vertraut,
findet zu sich selbst.

Oliver Kohler

Loslassen

Loslassen, was bedrängt
und gefangen nimmt.

Ausbrechen aus dem ständigen
Gedankenzirkel, was noch alles
erledigt werden will.

Den einen oder anderen Termin
aus dem Kalender streichen,
um sich mit Stunden der Muße
zu beschenken.

Ruhe einkehren lassen
für Leib und Seele,
um am Abend einem Stern
die verborgenen Träume mitzugeben
auf seine ewig kreisenden Bahnen
am Himmelszelt.

Christa Spilling-Nöker

Gönne dir eine Atempause

Gönne dir eine Atempause für deine Seele
aus Verantwortung für eine
menschlichere Welt

Meditiere die Bäume
weil sie dir echtes Wachsen und
Reifen aufzeigen

Lege deine Talente
auf der Bank des Innehaltens an
als Widerstandskraft
für die einmalige Würde
jedes Menschen

Traue der Kraft deines Daseins
weil Gottes Name heißt:
Ich bin da!

Schweige und höre auf die Stille
um die Friedenskraft zu verstärken
auf der ganzen Welt

Pierre Stutz

Sonntag

Zeit
die Woche hinter mir
zu lassen
und einzutauchen
in eine Oase
mit wechselndem Licht –
oft geht es hinaus
in die Weite
unserer Landschaft
mit Freunden manchmal
und das Herz
wird nicht müde
zu schauen
zu staunen
ein Lied auf den Lippen
und ein Lächeln für dich

Eva-Maria Leiber

Sonntagmorgen

Ich trete ein
und bin schon bald
zu Haus
die blauen Fenster
hüllen warm mich ein
und tief im Innern
blühn Gebete auf
und füllen den Raum
mit Ewigkeit –
hier bin ich gern
am Sonntagmorgen
in dieser Stunde
bin ich nah bei Gott

Eva-Maria Leiber

Märzmorgenlicht

In den Waldnischen
herrscht noch der Schnee
Doch da draußen
auf den Wiesen
glänzt es hell
das Märzmorgenlicht
Die Erde feiert –
    Auferstehung
Bald löst sich

im Osterglanz
jegliches Weh
Die Welt ist
für einen Augenblick
ganz

Ju Sobing

Aufstehen

Aufstehen am Morgen
voll froher Erwartung,
was der bevorstehende Tag
einem abverlangen wird.

Mutig den Aufstand wagen
gegen Unterdrückung,
Hunger und Krieg –
für eine freie, gerechtere Welt.

Auferstehen aus den Lähmungen,
die gefangen halten,
hinein in ein kraftvolles Leben
heute und hier:

Ostern feiern!

Christa Spilling-Nöker

Sonntagsgewitter

Keiner war es.
Jeder ist es irgendwann.
Beinahe jedes Sonntagsfrühstück
endet im Missklang.
Einer ist es zu früh,
einem zu laut.
Einer will zum Läuten in der Kirche ankommen,
eine vor allem keinen Stress.
Wortpfeile schnellen von der Sehne.
Rufe schwellen ungewohnt laut an.
Das Sonntagsfeuer qualmt
und brennt in den Augen,
aber es wärmt nicht.
Als friedlichster Tag der Woche angepriesen,
wird der Sonntag zum Garantiefall.
Kann man ihn zurückgeben?
Ja, an seinen Erfinder.
Eine Idylle war dieser Tag eigentlich nie.
Er entstand, als der längste Streit der Weltgeschichte
entschieden wurde.
Leben und Tod – wem gehört das letzte Wort?
Steine lagen im Weg,
die Trümmer eines Grabes,
Bruchstücke einer Einbetonierung der Liebe.
Der Sonntag braucht keinen roten Teppich.
Mitten in Konflikt und Krise,
Streit und Stichelei beginnt er.

Heimlich, still und leise.
Man kann ihn ramponieren,
aber nicht ausrangieren.
Die Strahlen österlichen Lichts
finden überall hin.

Oliver Kohler

Sonntagsfragen

Legst du dich zu mir?
Spielst du eine Runde Skat mit mir?
Gehst du mit in die Kirche?
Hast du eine gute Flasche im Kühlen?
Machen wir einen Lauf?
Schaust du mit mir ein Fotoalbum an?
Kochst du etwas Leckeres?
Leihst du mir ein Buch?
Fahren wir mit dem Rad zur Eisdiele?
Hast du Lust auf einen Film?

Du bist gefragt.
Der Sonntag fragt nach dir.
Hörst du Gottes leise Frage,
ob du eine wenig Zeit
für ihn hast?

Oliver Kohler

Einen Tag in der Woche

Einen Tag in der Woche
freihalten
von Arbeit und Pflicht,
um das Geschenk des Lebens zu feiern
voller Freude und Glück.

Einen Tag in der Woche
nicht erschöpft vor dem Fernseher sitzen,
sondern den eigenen schöpferischen Kräften
Spielraum gewähren
zur Entfaltung seiner selbst.

Einen Tag in der Woche
sich nicht zerstreuen müssen,
sondern sich sammeln dürfen,
um in Ruhe bedenken zu können,
was war und was ist und was wird.

Einen Tag in der Woche
nicht unter dem Zwang von Aufgaben stehen,
sondern sich hingeben dürfen
von Augenblick zu Augenblick
in Liebe und Lebenslust.

Einen Tag in der Woche
nicht atemlos herumhetzen müssen,
sondern aufatmen können,

um die Seele zu weiten
und sich selbst zu entdecken
Schritt für Schritt.

Einen Tag in der Woche
der tickenden Uhr einen Streich spielen,
sich der Tyrannei ihrer Zeiger entziehen
und sich Zeit schenken
für das Gespräch und das Schweigen,
für den Spaß und das Spiel.

Einen Tag in der Woche
nicht des Morgens früh aufstehen müssen,
sondern aufstehen dürfen,
schon hier, heute und jetzt
in eine Gegenwart
voller Hoffnung und Licht.

Christa Spilling-Nöker

Glückskinder

An diesem einen
einzigen Tag der Woche
darf ich alles.

An diesem einzigartigen Tag
muss ich nichts.
Lust und Laune sind dann
keine Störanfälle.

Ein verrückter Einfall
findet Gehör.
Fünf darf gerade sein.

Unsere Heimat sind nicht
Fabriken und Büros,
Praxen und Schalter,
Kassen und Katheder.
Am Anfang war ein Paradies.
Am Ziel wird alles gut sein.
Sonntage erinnern daran,
dass wir Glückskinder sind.
Trotz allem ...

Oliver Kohler

Genieße deinen Freiraum

Teresa von Avila umschreibt ihre mystischen Erfahrungen der Nähe Gottes mit zwei befreienden Worten: Gott genießen.

Das sind jene Momente in unserem Leben, in denen wir uns zutiefst geborgen fühlen: wo Raum und Zeit wie aufgehoben erscheinen; wo uns befreiendes Lachen geschenkt wird; wo unsere Kreativität fließt und wir beim Musizieren, Töpfern, Singen, Malen, Sport, Schreiben, Tanzen schöpferisch sind, wo wir in unserer erotischen Lebenskraft Leib und Seele Gutes tun; wo wir uns unter dem Sternenhimmel eingebunden wissen in Schöpfung und Kosmos. Es sind Momente des Geschenks, der Gnade, der Selbstannahme und der solidarischen Verbundenheit.

Genießen können heißt für mich, „Gott in allen Dingen suchen“ (Ignatius von Loyola). Wenn ich also z. B. im Liegestuhl liege und die Sonne genieße, dann bin ich Gott ähnlich. Gott ruhte aus am siebenten Tag und freute sich über sein Schaffen! Wer nicht genießen kann, wird ungenießbar. Menschen, die genießen, leben aus der Zuversicht, dass ihr Wert aus ihrem Sein, aus einem zärtlich-schöpferischen Gott entspringt.

Pierre Stutz

Genieße das Leben

Genießen können:
ich selber sein
ohne Maske
ohne Rollenzwang

Dasein können:
mich tragen lassen
auf dem Lebensfluss
Hoffnungslieder anstimmen

Vorbeiziehen können:
mich bewegen lassen
von den Wundern der Schöpfung
die zu eigener Kreativität bestärken

Genießen können:
mich daran erinnern lassen

dass uns in einfachen Bräuchen
echte Begegnungen geschenkt sein können

Pierre Stutz

10 Ratschläge

1 Das Geschirr der Arbeit wahrlich ablegen.
Nicht auch noch die Freizeit in den Takt
der Arbeit zwängen.

2 Sich nicht den Apparaten – den Medien –
überantworten. Selber spielen.

3 Sich ergehen. In Muße gehen.

4 Sich ausstrecken. Sich hindehnen.
Sich baumeln lassen. In der Zeit verweilen.

5 Einfach beieinander sein.
Etwas zubereiten – mal einzeln
– mal gemeinsam. Heiter speisen.

6 Trödeln. Sich an buntem
Plunder ergötzen.

7 Träume wie Luftballons
hochsteigen lassen.

8 Augenblicke auskosten.
Die Seele ausspannen wie ein Segel.

9 Sich freie Zeit einverleiben.

Spielräume entdecken.
Räume mit Spiel erfüllen.

10 Für Verhältnisse sorgen,
die Spielräume offen halten, ja, die selber
immer mehr zu Spielräumen werden.

Wolfgang Dietrich

Manchmal

Manchmal die Leichtigkeit des Lebens
einatmen und der Freude darüber,
dass es einen für eine Weile
auf dieser Erde gibt,
ein fröhliches Lied anstimmen.

Einen Tanz wagen
für die Schönheit der Liebe,
für den Glanz von Freundschaft und Nähe,
für das Geschenk von Vertrautheit
und das Spiel der Zärtlichkeit.

Manchmal sich in Träumen verlieren,
Wünsche und Phantasien
zum Himmel aufsteigen lassen,
bunte Farben auf die Wolken malen
und sich bei Nacht einen Stern pflücken.

Christa Spilling-Nöker

Gönnen wir uns

jedes Jahr
den Sonnenmonat,

jeden Monat
die Sonnenwoche,

jede Woche
den Sonntag,

jeden Tag
die Sonnenstunde,

und jede Stunde
einige Minuten,

die ganz und gar
uns selbst gehören.

Max Feigenwinter

Den Sonntag mag ein jeder gern

Der Sonntag kommt auf leisen Socken,
Im schwarzen Rock, mit Silberlocken,
Mit Himmelsblau und fernen Glocken,
Den Psalter in der Hand.

Im weißen Hemd voll bunter Borten,
Mit Bratenduft und Apfeltorten
Und Sonntagsstille allerorten,
So zieht er durch das Land.

Am Rucksack einen Strauß von Flieder,
Streckt er am Abend seine Glieder,
Dann singt er seine Abschiedslieder
Und schwindet unerkannt.

Mascha Kaléko

Veränderung

Alltag
Sonntag
Wunderbare Stunde
Kind und Mann am Morgentisch versammelt.

Wärme ist um dich
und Liebe
Lachen – fünf Minuten oder zehn.

Denkst du schon an morgen
fällt ein Schatten
Kind geht aus dem Haus
du bleibst zurück.
Wird die Liebe,
wird die Wärme bleiben?

Halte diese Stunde,
die Erinnerung bleibt –
das ist gewiss.

Ju Sobing

Beim Blick in die neue Woche

Du Geber aller Freude und alles Glücks,
ich danke dir für jeden schönen Tag
und jeden glücklichen Augenblick,
für alle Aufgaben,
alle Begegnungen und Erfahrungen.
Ich danke dir für dieses reiche Leben.

Bleibe nun auch bei mir in der
kommenden Woche.
Hilf mir, dass ich mir etwas zutraue.
Dass ich tun kann, was von mir erwartet wird.

Denn meine Kräfte haben Grenzen,
und viel wird wieder unfertig bleiben,
was ich anfange.

Behüte du mich und alle die Menschen,
mit denen ich zu tun habe
auf den Wegen dieser Woche.
und segne uns und diese ganze Erde.

Jörg Zink

Sieben Engel für die Woche

Ich wünsche dir
sieben Engel für die Woche,
einen für jeden Tag,
damit alle Gefahren
von dir fern bleiben
und keine Schatten
das Licht deines Lebens
verdunkeln.
Mögest du dich geborgen
und umsorgt fühlen,
damit du in dir selbst ruhen
und aus deiner Tiefe
neue Kraft schöpfen kannst.

Christa Spilling-Nöker

Plädoyer für eine heilige Zeit

Es gibt einen merkwürdigen Begriff: den Sonntag heiligen. Die Zeit ist also nicht in sich heilig. Menschen heiligen einen Tag in besonderer Weise, indem sie in den Gottesdienst gehen, indem sie anders essen, sich anders kleiden und sich anders verhalten als an gewöhnlichen Tagen. Ich betrachte den Vorgang zunächst von außen: Menschen gliedern die Zeit, sie geben ihr eine Figur im Rhythmus der Tage. Lineare Zeiten ohne Figuren und Rhythmen sind öde Zeiten. Die innere Verödung des menschlichen Lebens fängt immer mit einer äußeren an. In der Nähe unseres Hauses wirbt eine Tankstelle mit dem Spruch „24 Stunden am Tage geöffnet und 7 Tage in der Woche". Das ist ein Beispiel für verödete Zeiten. Kein Rhythmus, keine Gliederung, nur noch Profit! Mit den Rhythmen geht ein Stück Hoffnung verloren. Der Rhythmus sagt uns Menschen, dass wir nicht in panischer Letztlichkeit leben. Die Zeit kommt wieder, und du hast noch Zeit, sagt mir der Rhythmus, wenn ich ihn beachte.

Wir Protestanten spielen gelegentlich mit richtigen Sätzen ein falsches Spiel. Wir sagen, weil wir unmittelbar zu Gott sind, sind uns alle Zeiten in gleicher Weise wichtig und heilig. Wir halten nichts von heiligen Welten mit ihren besonderen Zeiten, Orten, Gepflogenheiten und Techniken. Das ist theologisch richtig, und, und zugleich ist ihre Vernachlässigung eine psychologische Dummheit. Der Protestantismus hat das Christentum vergeistigt. Das Herz und das Gewissen wurden die dramatischen Orte, nicht mehr die alten Orte, Zeiten und Techniken waren entscheidend. Das ist ebenso wahr wie ungenügend. „Jede Religion, die Bestand haben will, … muss den Schritt von der inneren zur äußeren Religiosität tun" (M. Douglas[1]). Sie muss die Zeit achten und ehren. Wir kommen nicht mit unserer reinen Innerlichkeit und mit der Kraft unserer Herzen aus. Wir lesen den Glauben auch ab am beachteten Rhythmus, vom besonderen Ort, vom gestalteten Raum, vom Altar, von den Bögen, von den bezeichneten Schwellen und aus der Stimmung einer Kirche. Wir brauchen uns nicht in der Kargheit unserer eigenen inneren Existenz zu erschöpfen.

Leon Wieseltier, der sein religiöses Judentum aufgegeben hatte und es wieder gelernt hatte an der Erforschung des Kaddisch, der Formel für die Toten, erzählt von der Erfahrung und den Niederlagen seines Betens: „Meine Gebete wurden im wachsenden Maße zu verzweifelten Anstrengungen der Subjektivität, nichts anderes, und ich konnte nicht glauben, dass die Intensität meiner Gefühle für die Wahrheit dessen, was ich sagte, auch nur die geringste Bedeutung hatte. Den Beweis der Wahrheit zu erbringen stand nicht in meiner Macht. Mehr noch, kein Beweis, den ich erbracht hätte, wäre ein Beweis gewesen. Der Beweis musste von außen kommen. Ich war der Innerlichkeit überdrüssig. Ich sehnte mich nach der Äußerlichkeit, ihrer Gewissheit und Erhabenheit. Und so kam es, dass mein Gebet für mich schließlich zu einer Äußerungsform wurde, die mich trostlos und erniedrigt zurückließ, und ich gab es auf. Und jetzt bete ich morgens, nachmittags und abends. Die wunderbaren, vertrauten, kraftlosen Worte gehen mir leicht von der Zunge. Was mache ich?“[2]

„Ich war der Innerlichkeit überdrüssig!“ Ein gefährlicher und wahrer Satz. Es geht nicht darum, sich selber wieder los zu werden, das eigene Gewissen, die eigenen Sprache und das eigene Herz wieder zu verlieren an bannende Orte, Zeiten, Institutionen und heilige Mechanismen. Es geht nicht darum, weniger zu werden, als man ist. Es geht darum mehr zu werden, als man von sich aus sein kann. Und sucht man sich Verbündete für die Seele: die „Äußerlichkeiten“ der Räume, der

Rhythmen, der Bauten, der Formeln, der Gesten und Rituale. Es ist eine Flucht in die Fremde, die uns mehr werden lässt, als wir sind, nicht weniger. Man baut sich von außen nach innen.

Der Sonntag ist wie ein alter Lehrer, der mich in den Gottesdienst schickt. Er fragt mich nicht, ob ich dazu aufgelegt bin oder nicht; ob mir zum Beten und zum Feiern zumute ist oder nicht. Es ist Sonntag, es ist 10 Uhr, und so gehe ich. Ich erschöpfe mich auch nicht in Überlegungen, ob ich gehen soll oder nicht. Der alte Lehrer sagt: Geh! Es ist Zeit! Die Geläufigkeit (ein bei uns eher verschrienes Wort!) des Sonntags enthebt mich der Entscheidung und der falschen Existentialität. Eine Überzahl von Entscheidungszwängen kann den Menschen zermürben und ihn gerade entscheidungsunfähig machen. Ich habe mich entschlossen, dem alten Lehrer zu gehorchen, und so diskutiere ich nicht jedes Mal mit ihm, ob er recht hat oder nicht. Es gibt Geläufigkeiten, die die Freiheit des Menschen schützen, wie es natürlich zwanghafte und mechanische Geläufigkeiten gibt, die dies zerstören. Ich nenne ein anderes verpöntes Wort: Gewohnheit! Ich habe es mir zur Gewohnheit gemacht, sonntags in den Gottesdienst zu gehen. Ohne Gewohnheiten kann der Mensch nicht leben, auch wenn wahr ist, dass er darin ersticken kann. Aber eine Gefahr ist das in dieser Gesellschaft ja nicht mehr. Eine Gefahr ist eher das Ersticken im unbezeichneten Leben. Die Gewohnheit, die Regelmäßigkeit, die Geläufigkeit erbauen die innere Haltung des Menschen.

Ich lese in einer Umfrage[3] des Kirchlichen Dienstes in der Arbeitswelt aus Flensburg (aus der alle folgenden Zitate stammen), was Menschen am Wochenende und am Sonntag tun oder früher getan haben. Zunächst fällt auf: der Sonntag wurde vorbereitet: „Sonnabends wurde vorm Haus gefegt, der Gartenweg frisch geharkt, und abends badete die ganze Familie. Sonntags gab es dann frische Wäsche."

Eine alte Weisheit: was nicht vorbereitet und in der Vorbereitung erwartet wird, kommt nicht. Der Wegfall der Vorbereitung, der Anwege, der Hinführung, der Erwartung und damit der Vorfreude ist nicht nur für den Sonntag zu bemerken. Die Zeiten verschleifen sich. Von Mitte November an hört man Weihnachtslieder und isst man Spekulatius, und so wird man kaum noch die Köstlichkeit des Augenblicks erfahren, wo man am Heiligen Abend endlich singt: „Es ist ein Ros' entsprungen". Man hat das Lied in allen Kaufhäusern schon hundertmal vorher gehört. Die Bedeutung des Sonntags lernt man nicht in einer Lehre, man lernt sie und wir lehren sie unsere Kinder in den einfachen Gesten der Vorbereitung. Der Gartenweg wird geharkt, Kuchen wird gebacken, es gibt frische Wäsche. Man liest die innere Wichtigkeit an den äußeren Gesten der Vorbereitung ab. Und manchmal war der Samstagabend, wenn die Kinder gewaschen und der Kuchen gebacken war, fast schöner als der Sonntag selber.

Man machte sich schön, und man machte sich neu für den Sonntag: man wusch sich. Eine Befragte aus der Flensburger Erhebung schrieb von den frischen Blumen, die in die Vasen kamen, und von der neuen Tischdecke, die aufgelegt wurde. Viele erinnern sich an die „weißen Kniestrümpfe", die man trug, an die „Schleife im Haar", an den „Kieler Matrosenanzug von Bleyle" (auch ich litt unter dem kratzenden Kleidungsstück). Die „weiße Schürze" wird erwähnt oder der Rock mit Bluse: „Das gibt so richtig ein sonntägliches Gefühl." Der Mensch machte sich schön und neu. Er schüttelt den Staub des mühsamen Alltags ab. Alle Schönheit ist ein Versprechen für morgen, für die Zeit der Fülle. Der Mensch spielt wenigstens einen Tag Königssohn und Königstochter. Man spielt einen Tag den Befreiten von den Zwängen des Alltags. Man spielte nach, was Gott getan hat am Ende der Schöpfungstage: man ruht von der Arbeit. Man spielt vor, was einmal sein soll: das großes Spiel der Freiheit, in dem es keine Knechte und Erniedrigte mehr gibt. Nicht einmal die Tiere sollten arbeiten an diesem Tag.

Zwei Dinge halten sich durch bei der Beschreibung des alten Sonntags und des heutigen: das bessere Essen und die Pflege von Beziehungen. Früher waren es „Oma, Opa und die Verwandten", die besucht werden; heute sind es Verwandte und Freude. In einer freieren Gesellschaft, in der man eine größere Wahl der Beziehungen hat, werden die Freunde wichtig, meistens wichtiger als die Verwandten.

Das Essen war früher ritualisiert: „Jedesmal dieses zähe Rindfleisch mit Kartoffelsalat!" Die Zubereitung war mit besonderer Mühe verbunden. Deswegen ging der Vater gelegentlich mit den Kindern spazieren, „damit die Mutter Ruhe beim Kochen hatte". Auch heute betonen die Befragten das besondere Essen, es ist aber weniger Ritual und Arbeit als gemütlicher Genuss. Typisch ist „das gemütliche Frühstück mit frischen Brötchen und Ei", und ebenso typisch ist, dass viele am Wochenende auswärts essen. Die Pflege des Essens und die Vergewisserungen in den Beziehungen waren von jeher Merkmale der feierlichen Tage und Zeiten.

Was aber, wenn Menschen kaum Beziehungen haben? Viele der Befragten aus Flensburg betonen ihre Einsamkeit am Wochenende, besonders Frauen. So eine Stimme auf die Frage nach den Wünschen für das Wochenende: „Es mit Freunden verbringen, da diese aber meist verheiratet sind, habe ich als Single keinen Platz." Eine andere: „Wer nicht in festen Beziehungen lebt, dem wird gerade am Sonntag seine Einsamkeit deutlich." Und so der Kommentar einer Witwe: „Schwer traf es mich beim Spazierengehen, Paare Hand in Hand sehen zu müssen. Besonders wenn mir jemand freitags ‚Ein schönes Wochenende' wünschte, dachte ich: du hast ja keine Ahnung, was mir bevorsteht."

Besondere Zeiten bedeuten auch immer eine besondere Dramatisierung des Glücks oder des Unglücks.

Bei der Befragung über den Ablauf des Wochenendes antwortet ein Student: „Verplant! Lernen für das Studium!“ So antworten hauptsächlich Studierende und Akademiker. Lernen und Lesen fiel früher nicht unter den Begriff „knechtliche Arbeit“, von der man sich frei halten sollte. Für die Leute, die mit ihrer Hände Arbeit ihr Brot verdienten, war Lesen und Lernen eine Tätigkeit des freien Menschen. Es hatte etwas mit Schönheit und Geist zu tun. Ich frage mich, ob für viele das Lernen, die Bücher, die Schreibtischarbeit nicht zu einer neuen Knechtschaft und zum neuen Zwang werden. Was ist mit der Lehrerin, dem Studenten, dem Professor, die sich dem Druck beugen, auch sonntags den ganzen Tag zu arbeiten, mindestens aber ein schlechtes Gewissen zu haben, wenn sie nicht arbeiten. Werden sie bessere Lehrerinnen oder Studenten, wenn sie sich durch die Menge ihrer Arbeit rechtfertigen? „Ich habe keine Zeit!“ ist die Potenzgebärde der Akademiker, die Theologen sind nicht ausgenommen. Aber sie verknechten sich und sie verkommen, wenn der Sonntag in keiner Weise mehr Ruhe für sie bedeutet und wenn sie ihre Seele nicht ernähren. Zu einem guten Arbeiter gehört es, dass er aufhören kann zu arbeiten und dass er keine Angst vor der Ruhe hat. Es gibt Emsigkeiten, die nichts anderes sind als getarnte Faulheit. Ich misstraue dem Fleiß derer, die ewig betonen, sie hätten keine Zeit – keine Zeit für Musik; für ein Buch, das man ohne Verwendungsabsichten liest; für ein Gebet; für den Gottesdienst. Dies sind Dinge, die keine Zwecke haben, und gerade sie müssen wir retten in einer verzweckten und profitorientierten Gesellschaft. Schon allein deshalb ist der Sonntag wunderbar, weil er der Tag ist, an dem man sich den Zwecken verweigert.

Eine andere Gruppe der Befragten aus Flensburg hat als Wochenendideal die Inhaltslosigkeit: lange schlafen, faulenzen, entspannen. Man kann es verstehen, wenn Menschen eingesperrt sind in der Tretmühle eines ungeliebten Berufs, und dies sind viele. Aber wenn nicht mehr an Wünschen da ist, ist das Wochenende nicht mehr als die Atempause der Zwangsarbeiter; der Sonntag nicht mehr als die Erholung von der Woche; eben Wochenende – Ende der Mühsal für zwei Tage. Der Sonntag hat nur eine Vergangenheit, eben die Vergangenheit einer mühseligen Woche. Er ist nicht Vorwegnahme und Vorspiel der Freiheit. Dieses Vorspiel kann sich nicht im Faulenzen erschöpfen. Vielleicht zeigt sich auch im säkularsten Wochenende der Wunsch nach Ganzheit und Heil in der Sehnsucht nach der Natur, die oft geäußert wird. So nennt ein junger Mann seinen Wunsch für das Wochenende: „Entspannt im Grünen. In einer kleinen Holzhütte im Wald, um mich herum nur Stille und klare Luft."

Vorspiel der Freiheit – idealisiere ich den alten Sonntag nicht? Die Älteren unter den Befragten berichten nicht selten vom Zwang des Sonntags: man durfte die weißen Kniestrümpfe nicht schmutzig machen. Alles war festgelegt, und manchmal steif und langweilig. Einige klagen, dass sie nicht spielen durften. Ja, wir haben keine eindeutige Tradition. Es gab den Sonntag als freudlosen Tag. In zwanghaften Zeiten war es oft ein zwanghafter Tag. Menschen lebten damals in kargen Zeiten mit viel Arbeit und mit wenig Lebensspiel, und karge Zeiten machten das Leben und das Zusammenleben karg. Außerdem misstrauten die Kirchen selber nicht selten den arbeitsfreien Zeiten, dem Spiel und der Freude. So sollten die Menschen, wenn sie schon keine äußeren Arbeiten verrichteten, auch keinen Tag des Spiels und der Freude haben. In armen Zeiten stehen Spiel und Freude immer unter Verdacht. Aber es ist nicht nur die Enge alter Zeiten gewesen. Eine große Idee kommt nicht ohne Strenge aus. (Das Problem ist allerdings, dass Strenge immer schon als Zeichen einer Idee oder des Geistes gewertet wird.) Wenn Menschen denken, dass der Sonntag ein Tag des Vorspiels der großen Freiheit ist, dann hat das auch seinen Ernst. Der Sonntag kann dann nicht nur der Tag des Erschlaffens und der inhaltslosen Gemütlichkeit sein.

Ich möchte an dieser Stelle den Gottesdienst loben, der immer Kern des Sonntags war. Selbst wenn die Leute selten hingingen, läuteten die Glocken und war seine Zeit nicht wie andere Zeiten. Warum liebe ich den Gottesdienst? Ich bin dort nicht allein. Um mich sind Alte und Junge, Männer und Frauen, Kluge und Dumme, Behinderte und Nicht-Behinderte, Kranke und Gesunde. Ich erlebe mehr Welt, als wenn ich bei mir selber oder immer bei meinesgleichen bliebe. Ich sehe, was ich sonst nicht sehe, z.B. mehr beschädigte Menschen, als ich sonst sehe. Ich verlasse die Enge meines eigenen Kreises, und die Unsichtbaren treten ins Licht: die Kranken, die Beschädigten, die Beladenen.

Ich bin beim Beten nicht allein. „Allein bist du kleine!" – auch beim Beten, auch mit meinem Glauben und mit meiner Hoffnung. Ich nehme Teil am Glauben von anderen Menschen, und so kann ich leichter das Glaubensbekenntnis sprechen, das Vaterunser und die Psalmen. Ich bin nicht nur auf meinen eigenen windschiefen Glauben angewiesen. Wir teilen den Glauben, wie man Brot teilt in kargen Zeiten. Gemeinschaft der Heiligen! Es sind noch andere Heilige da, die Toten und die Engel. In der Kirche gab es immer eine schöne Idee: jeder Gottesdienst ist Teilnahme am großen, objektiven Werk des Lobes Gottes, das die ganze Schöpfung singt. Die Beter stimmen ein in den großen Lobgesang der Engel.

Menschen singen im Gottesdienst, sie verhalten sich poetisch. Ich könnte eher auf die Predigt verzichten als auf die Lieder. Unsere Stimme und unser Mund sind oft klüger als unser Herz. Es ist erstaunlich, was wir alles singen. Wir singen: „Aus meines Herzens Grunde sag ich dir Lob und Dank!“ Aber wie unbeteiligt ist oft der Herzensgrund! Wir singen: „Ist Gott für mich, so trete gleich alles wider mich!“ Singt das Herz, oder singt nur der Mund? Es ist eine falsche Frage. Manchmal singt wirklich nur der Mund. Aber wir sind ja nicht nur Herz, Gottseidank! Wir sind auch unser Mund, der das schwache Herz hinter sich herschleift, bis es wieder auf den eigenen Beinen gehen kann. Daran ist nichts falsch. Das Herz muss nicht immer Meister seiner selbst sein. In der Poesie des Singens sind wir uns selber voraus – unseren Einsichten, unseren Argumenten, unserem Zwiespalt. Wie an keiner anderen Stelle tut man beim Singen, als könnte man schon glauben. Wir geraten in der Musik und mit den Liedern in den Bereich der Schönheit. Die Schönheit heilt. Sie lehrt uns lächeln – wer täte es nicht bei Paul Gerhardts „Narzissus und Tulipan“? Sie lehrt uns weinen wie das „Wenn ich einmal sollt scheiden“. Sie lehrt uns Zartheit wie jenes weihnachtliche „Brich an, du schönes Morgenlicht“. Die Schönheit und die Gnade sind leibliche Geschwister, und sie begegnen uns am dichtesten in den Liedern.

Ich liebe den Gottesdienst, weil wir alte Texte hören wie Briefe aus der Ferne. Die Texte und ihre Bilder schließen uns die Welt auf. Die Welt liegt uns nicht offen zu Füßen, wir können sie nicht jederzeit betreten. Wenn man keine Führer hat, kann man sich in der Wirklichkeit nicht zurecht finden und erkennen, was sie hat und was ihr fehlt. Ohne den Text schweigt unsere Hoffnung und unser Gewissen. Auch von den in der Flensburger Untersuchung Befragten gehen wenige in den Gottesdienst. Ich wünsche trotz der geringen Beteiligung, dass der Gottesdienst am Sonntag das Zentrum kirchlicher Äußerung bleibt. Die Kirche soll nicht die reine Quantität und die Nachfrage zum Maßstab ihres Handelns machen.

Was geschieht in einer Gesellschaft, der der Sonntag abhanden kommt und für die das Wochenende nur noch eine reine Erholungshektik bedeutet? Wir sind in der Gefahr, unsere passiven Stärken zu verlieren: die Fähigkeit zur Stille, zur Ruhe, zur Gelassenheit; die Fähigkeit zu warten, zu lassen, zu hören; um zwei alte und neu notwendige Wörter zu nennen: die Demut und die Ehrfurcht. Eine Aktivität, die die Passivität nicht kennt, wird zerstörerisch und brutal. Darum soll die Kirche eintreten für das, was in dieser Gesellschaft so wenig Lobby hat: die Poesie, die Gebete, die Lieder, die Ruhe, die heilige Zeit – den Sonntag.

Fulbert Steffensky

Anmerkungen

[1] Mary Douglas, Reinheit und Gefährdung. Eine Studie zu Vorstellungen von Verunreinigung und Tabu, Frankfurt am Main 1988, S. 81f.

[2] Leon Wieseltier, Kaddisch, München 2002, S. 34.

[3] Kirchlicher Dienst in der Arbeitswelt (KDA) der Nordelbischen Ev.-Luth. Kirche, Arbeitsstelle Flensburg (Hg.), Schönes Wochenende. Ergebnisse einer Umfrage mit Beiträgen aus Volkskunde, Soziologie und Theologie, Bochum 2002.

Sonntagssegen

Gott,
der der Welt den siebten Tag
als Tag der Ruhe geschenkt hat,

segne dich
und die Stunden, die sich heute
vor dir ausbreiten,
damit du sie füllen kannst
mit Kreativität,
Phantasie und Lebenslust,

und behüte dich
bei jedem Schritt,
den du wagst,
zur Begegnung mit anderen
und mit dir selbst.

Gott lasse sein Angesicht
leuchten über dir,
dass sich die Schatten
der vergangenen Woche
im Glanz der Stille verlieren
und du neue Lebenslust gewinnst
bei Spaß und bei Spiel,

und sei dir gnädig,
dass sich die verwirrten Gefühle
und verworrenen Gedanken
entwirren und entwickeln lassen

zu dem klaren Faden,
der deinem Morgen
Richtung weisen kann.

Gott erhebe sein Angesicht auf dich,
dass du dich geliebt und angenommen weißt
von Augenblick zu Augenblick
und den Kampf, dich stets
mit anderen messen zu müssen,
aufgeben kannst,

und gebe dir Frieden,
dass du all deine Sorgen
wenigstens für einen Tag
abstreifen kannst
und versöhnt sein darfst
mit der Welt
und mit dir.

Christa Spilling-Nöker

Segne, mein Gott,
diesen Tag,
dass sich meine Seele
erfrischen kann
und mein Herz
fröhlich wird.
Segne alle guten Gedanken,
die mich bewegen,
und alle Träume,
die mir aus der Tiefe
aufsteigen,
damit sie mir
durch ihre Farbigkeit helfen,
auch im grauen Alltag
innerlich gelöst
und bei mir selbst
zu sein.

Christa Spilling-Nöker

Segne, mein Gott,
diesen Tag der Ruhe,
segne den gleichmäßigen Fluss
meines Atems
und die Freiheit,
die mich still werden läßt
in dir.

Segne die Augenblicke,
in denen ich mich meinen Träumen
hingeben kann
und den schöpferischen Kräften
nachspüren darf,
die mir aus der Tiefe meiner Seele
zuwachsen,
um in der vor mir liegenden Woche
meine Aufgaben wieder
mit neuer Lebensenergie
anpacken zu können.

Segne, mein Gott,
diesen Tag der Ruhe,
damit ich ihn feiern kann
als eines deiner großen Geschenke
an mich.

Christa Spilling-Nöker

Vom dankbaren Umgang mit der Zeit

„Solange ich denken kann, / Gingen Uhren immer zu schnell“, heißt es in einem Gedicht von Marie Luise Kaschnitz. Wie oft geht es uns so, dass uns die Zeit davongaloppiert und wir mit unseren Plänen und Vorhaben nicht nachkommen. Immer noch mehr wollen wir aus der knappen Zeit herausholen und ärgern uns, dass sie so eilig verfliegt. Der Blick auf den Kalender macht uns deutlich, dass die Zeit unausweichlich weiterläuft, ohne dass wir sie aufhalten können. Und wenn wir gar in den Spiegel blicken, können wir die Spuren der Zeit in unserem Gesicht ablesen. „Die Zeit ist eine geräuschlose Feile“, sagt ein italienisches Sprichwort.

Vielleicht ist das eine falsche Betrachtungsweise. Wir sollten nicht so tun, als würden wir von der tickenden Uhr tyrannisiert. Der überfüllte Terminkalender ist nicht vom Himmel gefallen, den haben wir uns selbst eingebrockt. Und die gehetzte Eile kommt nicht dadurch zustande, dass jemand mit einer Peitsche hinter uns steht. Sie ist ein Produkt unserer eigenen Unruhe.

Wir dürfen es nicht vergessen: Die Zeit ist das große Geschenk, das wir ununterbrochen angeboten bekommen. In jedem Moment wird uns die Prise Zeit gewährt, die wir nötig haben, damit wir im Leben sein können. Wir können atmen, unser Herz schlägt, unsere inneren Organe leisten ihren Dienst, unser Gehirn ermöglicht uns das Denken und Planen.

Weil es uns so selbstverständlich erscheint, diese zum Leben nötige Zeit geschenkt zu bekommen, müssen wir manchmal innehalten und dieses Glück der gestundeten Zeit dankbar genießen. Wenn wir nämlich alle Zeiträume mit hektischem Tun vollstopfen, dann kommt es uns tatsächlich so vor, als hätten wir keine Zeit, obwohl wir sie doch haben. „Zeit haben, heißt den Tod duzen“, hat Frank Thieß gesagt. Wer also recht mit seiner Zeit umgeht, sie herankommen läßt und so nutzt, wie es ihr zukommt, dem braucht nicht einmal davor bange zu sein, dass unsere Lebenszeit einmal zu Ende geht.

Gibt es eine Zeit, die besser geeignet ist, sich von der Gabe Zeit beschenken zu lassen und sie nach Herzenslust auszukosten, als die Ferienzeit? Nun endlich fallen so viele Zwänge weg, kann der Terminkalender in der Schublade bleiben, können wir vielleicht sogar einmal auf die Uhr verzichten.

Aber wir werden es merken: Es ist gar nicht so leicht, aus der eigenen Unruhe herauszukommen, die ängstliche Einteilung der Stunden einmal dranzugeben, um die Zeit geruhsam herankommen zu lassen, sie wirklich auszukosten und vorübergehen zu lassen. Vielleicht hilft es uns, wenn wir am Meer sitzen und den heranrollenden Wogen zuschauen. Oder wir können, wenn wir den vorbeiziehenden Wolken hinterherschauen, etwas von dieser Muße erleben. Ein afrikanisches Sprichwort jedenfalls sagt: „Als Gott die Zeit schuf, hat er genug davon gemacht.“

Wir haben uns angewöhnt, mit unserer Zeit haushälterisch umzugehen. Sie ist schließlich kostbar und viel zu schade, als dass wir sie „vertreiben“ dürften. Unsere planende Vernunft greift immer wieder ein. In uns sitzt ein geheimer Mahner, der sagt: Trödle nicht so, du hast noch viel zu tun. Die Zeit, die du jetzt vertändelst, fehlt dir später bei deinen Unternehmungen. So richtig diese Einstellung sein mag, sie darf nicht absolut gesetzt werden. Wir leben nun einmal im Wechsel von Arbeit und Muße, von Anstrengung und Entspannung, von Konzentration und spielerischer Zerstreuung. Ein Mensch, der jede Sekunde ausnutzen will und immer von seinen Plänen bestimmt ist, wird allmählich verkrampft. Wir haben auch Zeiten nötig, wo wir dem süßen Nichtstun frönen und einfach die Zeit dahinfließen lassen.

In einer unverplanten Zeit, die wir genießen dürfen wie eine Gnade, geschieht ja nicht etwa „nichts“. Wir atmen vielmehr tief auf und lassen Dinge in uns aufsteigen, die sonst gar nicht ans Tageslicht kommen konnten. Wir können auch intensiver das erleben, was sich gerade begibt, auch wenn es unscheinbare Dinge sind. Erhart Kästner hat einmal folgenden Gedanken notiert: „Eine Gabe Zeit zugegeben, das bringt die Dinge zum Reden. Trinkt man vom Zeitwasser, so versteht man. Zeit bringt auch eine Gabe Trauer mit ein, die, wunderbarerweise, verwandt mit Hoffnung und Trost ist.“

Haben wir es fertig gebracht, einmal einen ganzen Tag zu verschwenden, ohne dem eisernen Muss beruflicher Pflichten zu folgen, ist es uns gelungen, diese andere Zeitqualität kennenzulernen, dann können wir auch in unseren Alltag wieder zurückkehren, wo andere Regeln herrschen. Und gar ein ganzer Urlaub mit seinen vielen Möglichkeiten holt uns aus unserem Labyrinth heraus, gewährt uns die Freiheit und das Verfügungsrecht über die Zeit, damit wir – beschwingt und erleichtert – auch wieder die Bürde der festgelegten Termine und der Zeitenge zu tragen bereit sind.

Manchmal leben wir nach der Devise, die Georg Büchner in seinem Lustspiel Leonce und Lena ausgegeben hat: „Wir lassen alle Uhren zerschlagen, alle Kalender verbieten und zählen Stunden und Monde nur nach der Blumenuhr, nur nach Blüte und Frucht.“ So merkwürdig es klingt: Wir müssen es wieder lernen, uns auch manchmal dem Müßiggang zu überlassen.

Wie kann man das lernen? Dafür gibt es keine Schulen, aber jeder kann Plätze finden, wo er sich darin einzuüben lernt. Wer einmal an einem offenen Feuer sitzt und dem Funkenflug und dem lodernden Aufflammen zusieht, wer das Knistern und Knacken mit seinen Ohren verfolgt, der kann ganz darin verweilen, ohne dass es ihm langweilig wird. Und wer ein ruhiges Waldstück findet, wo noch die Vögel unbekümmert singen und eine Vielfalt von Pflanzen sich ausbreiten kann, der wird, wenn er es fertig bringt, ganz still zu werden, erleben, dass die Zeit beinahe stehen bleibt. Wir können dabei gelassen werden, dankbar für diese Geschenke, die nichts kosten und dennoch unbezahlbar sind.

In China erzählt man sich folgende Geschichte: Kung Fu-tse fragte eines Tages vier von seinen Schülern nach ihren Herzenswünschen. Während einer sich gleich zutraute, das ganze Staatswesen zu ändern und zu reformieren, der zweite dem Volk Wohlstand zu bringen versprach, der dritte als Zeremonienmeister im königlichen Ahnentempel fungieren wollte, fabulierte der vierte: „Ich möchte am liebsten im Spätfrühling, wenn man schon im leichten Gewand gehen kann, mit fünf oder sechs Burschen, die bereits Männerkappen tragen, und in Begleitung von sechs oder sieben Knaben im Fluss baden, möchte mich in einer Brise beim Regenaltar trocken wehen lassen und mit der fröhlichen Schar singend heimkehren." – Und wie reagierte der strenge Meister auf diesen spontanen Herzenswunsch? Kung Fu-tse seufzte und sagte: „Wenn du nur wüsstest, wie meine Wünsche den deinen gleichen." Offenbar steht der Gedanke dahinter: Wer das Staatswesen reformieren will und es unternimmt, das Seine dazu beizutragen, damit andere glücklich werden, der sollte darüber nicht ganz seine eigenen Sehnsüchte vergessen. Keiner sollte das ausschlagen, was ihm die Gunst der Stunde und der konkrete Augenblick anbieten.

Die Ereignisse unseres Lebens gehen häufig auf gemächliche Weise vor sich: Es entwickelt sich etwas allmählich und kündigt sich an, bis es – im Laufe geraumer Zeit – Gestalt annimmt und dann wirksam werden kann. Aber es gibt auch andere Fälle, da bricht etwas völlig überraschend und unvorhergesehen in unser Leben ein, so dass wir dieses Neue gar nicht begreifen können und eher ängstlich abwehrend darauf reagieren. Dieses plötzlich Hereinbrechende kann eine veränderte Situation sein, eine überraschende Begegnung, aber auch ein Gedanke, der uns „zu-fällt" und von dem wir sagen möchten, dass er uns nicht einmal im Traum eingefallen wäre. Er ist uns zuteil geworden, als wäre ein Meteor eines anderen Planetensystems bei uns eingeschlagen.

Es lohnt sich, manchmal innezuhalten und sich an Situationen aus seinem Leben zu erinnern. Die verschiedenen Zeiten, die wir erleben durften, hatten ein ganz unterschiedliches Gewicht. Da gab es die schweren und schicksalshaften Stunden, wo alles auf dem Spiel zu stehen schien, es gab die langweiligen Zeiten, in denen offenbar gar nichts passierte, und es gab die federleichten, fröhlichen Stunden, wo alles spielerisch zu gelingen schien. Manches Erlebnis haben wir ersehnt und herbeigewünscht, anderes gefürchtet und mit Zittern erwartet. Aber es gab auch die Augenblicke unerwarteten Glücks, die wir uns nicht als Verdienst anrechnen konnten, weil sie reines Geschenk waren. Die Rückschau kann uns zur Einsicht bringen, wie nötig uns die schweren wie die leichten Zeiten waren. Das Geplante wie das Ungeplante hat nun seinen Platz gefunden, die Schrecken und die Beseligungen haben Spuren hinterlassen. Wir haben geruhsame Zeiten nötig, und manchmal muss es die Stromschnellen geben. Vielleicht sind es in unserem Leben nur eine „Handvoll" wichtige Stunden, die für unser Dasein entscheidend waren und Geschichte gemacht haben. Im Nachhinein mögen wir noch ein Nachbeben spüren, was da alles auf dem Spiele stand.

Gerade im Religiösen scheint es solche Widerfahrnisse zu geben, die wie ein Blitz aus heiterem Himmel einschlagen und erst allmählich in ihrer Tragweite erkannt werden, weil sie zu übermächtig sind, um gleich in ihrem Gewicht erfasst zu werden. Solche Erfahrungen hat schon Augustinus in seinen „Bekenntnissen" aufgezeichnet. In einem Gespräch mit seiner Mutter Monika, das er in Ostia führte, durchwanderten sie in Gedanken die Stufen der dinglichen Körperwelt, den himmlischen Bereich mit Sonne, Mond und Sternen, bis sie „die Gefilde unerschöpflicher Fülle" erahnen konnten. Was dann geschah, schildert Augustinus so: „Und während wir so reden von dieser ewigen Weisheit, voll Sehnsucht nach ihr, da streiften wir sie leise in einem vollen Schlag des Herzens." Ein Moment der Einsicht war ihnen gewährt worden, ein Augenblick der „Offenheit", der aber nicht festgehalten werden kann, weil er eben nur „einen Herzschlag" lang geschenkt wurde. Manchmal genügt eben ein Herzschlag, der „Nu" eines Augenblicks, damit sich alles ändert. Solche Momente bleiben unvergesslich, weil ihnen der verhüllende Vorhang für einen Augenblick gelüftet worden ist und der Blick in eine andere Dimension freigegeben wurde. Augustinus schreibt, dass er einmal bis an das hingelangt sei, „was ist", und dass das „in dem blitzenden Moment eines zitternden Erblickens" gewesen sei. Dann ergänzt er aber, dass er das göttlich Unschaubare „im Mittel der Schöpfungsdinge" erkennen konnte. In der uns zugänglichen Wirklichkeit kann auch das Hintergründige und Geheimnishafte geahnt werden, wenn uns eine solche eindringliche Schau gewährt wird.

Jede Zeit scheint ihr eigenes Geheimnis zu haben, und es ist gut, dass wir so viele unterschiedliche Zeiterfahrungen machen. Wichtig ist wohl, dass wir nach den Gipfelerfahrungen einer „hohen Zeit" auch wieder bereit sind, in die Niederungen der Alltagszeit hinabzusteigen. Es kann nicht jeden Tag Höhepunkte geben. Aber die herausgehobenen Stunden dürfen nicht so schnell zugedeckt werden, dann behalten sie eine eigenartige Kraft.

Alles, was lebt, braucht Zeit, um wachsen und sich entfalten zu können. Die uns geschenkte Zeit ist ein dauerndes Angebot zur Ausfaltung unserer Eigenart. Wir müssen eine Menge Geduld aufbringen, weil das Wachstum nicht künstlich beschleunigt werden darf: Erst wenn die rechte Zeit da ist, kann sich das ereignen oder kann das getan werden, was jetzt fällig ist. Die Vorgänge des Wachstums sind unscheinbar, kaum wahrnehmbar. Wer zuschauen will, wie es vorangeht, wird den Eindruck bekommen, dass sich gar nichts ereigne. Aber das Wachstum macht nur keinen Lärm. – Es ist auffällig, wie häufig Jesus bei seiner Verkündigung Wachstumsgleichnisse erzählt hat. „Ein Mann wirft den Samen auf die Erde. Nun schläft er und wacht auf, es wird Nacht und wieder Tag. Und der Same sprosst auf und macht sich lang, wie denn? Er weiß es nicht. Von selber trägt die Erde Frucht: erst Halm, dann Ähre, dann das volle Korn in der Ähre. Und wenn es die reife Frucht zulässt, dann sendet der Mann die Sichel, die Ernte ist da." (Markus 4,26–29)

Es ist vielleicht ein besonderes Kennzeichen der Lebenskunst, wenn ein Mensch die unterschiedlichen Angebote der Zeit annehmen und dankbar in sein Leben einbringen kann. Vor allem die unmittelbare Gegenwart, das Hier und Heute, muss ergriffen und durchlebt werden. Das Vergangene ist nicht völlig vorüber, weil wir es durch unsere Erinnerung wieder herbeirufen können; das Künftige ist nicht völlig abwesend, weil wir vorausträumen und das Herankommende schon ahnen und planend vorwegnehmen können. Wirklich zu eigen ist uns doch nur dieses hauchdünne Etwas, das so winzig und vergänglich ist, dass niemand es messen kann, obwohl es uns doch trotzdem riesige „Zeiträume“ erschließt.

Von Conrad Ferdinand Meyer werden wir aufgefordert, jede uns gewährte Zeit als kostbare Gabe anzunehmen:

„Jedes Ding hat seine Zeit,
Jede Zeit hat ihren Segen,
Lass dich innig nur bewegen
Fremdes Leid und eignes Leid!
Trägst du heut‘ ein Trauerkleid,
Kommt der Tag, es abzulegen;
Jede Zeit hat ihren Segen,
Jedes Ding hat seine Zeit.“

Otto Betz

Aurelius Augustinus (354–430): S. 52, 53f.
Rose Ausländer (1901–1988): S. 41, aus: dies., Wieder ein Tag aus Glut und Wind. Gedichte 1980–1982, © S. Fischer Verlag GmbH, Frankfurt am Main 1986.

Schalom Ben-Chorin (1913–1999): S. 34f., zit. nach: ders., Die Tafeln des Bundes – Das Zehnwort vom Sinai, J. C. B. Mohr (Paul Siebeck), Tübingen 1979.
Otto Betz: S. 118–125, aus:, ders., Das Unscheinbare ist das Wunderbare. Spiritualität im Alltag, Eschbach/Markgräflerland 1994 (vergriffen), © Verlag am Eschbach.

Wolfgang Dietrich: S. 32, 35, 39f., 42f., 45, 46f., 48, aus: ders., Sabbat halten – Arbeit loslassen (Heftreihe "Die zehn Gebote"), Eschbach/Markgräflerland 1987 (vergriffen), © Verlag am Eschbach. / S.68f., 98f., © Verlag am Eschbach.

Günter Eich (1907–1972): S. 9, aus: ders., Gesammelte Werke in vier Bänden. Band I: Die Gedichte. Die Maulwürfe © Suhrkamp Verlag, Frankfurt am Main 1991.

Max Feigenwinter: S. 100, © Verlag am Eschbach.
Erich Fromm (1900–1980): S. 42, zit. nach: ders., Haben oder Sein – Die seelischen Grundlagen einer neuen Gesellschaft, Deutsche Verlagsanstalt, Stuttgart 1986.

Karlheinz A. Geissler: S. 10–19, aus: Heft 1 (März 2005) der Zeitschrift Reformatio, Thema „Sonntag". Mit freundlicher Genehmigung der Redaktion Reformatio, Bern.
Albrecht Goes (1908–2000): S. 50–56, aus: ders., Ein Lächeln inmitten der Schöpfung. Sonntagsgedanken, Eschbach/Markgräflerland 1996 (vergriffen), © Verlag am Eschbach.

Jüdische Überlieferung: S. 32, 36, 40, 44, 47, 79.

Mascha Kaléko (1907–1975): S. 5 „Einmal sollte man", aus: dies., Das lyrische Stenogrammheft. Kleines Lesebuch für Große, © 1956 by Rowohlt Verlag GmbH, Hamburg. / S. 101 „Den Sonntag mag ein jeder gern", aus: dies., Die paar leuchtenden Jahre, erschienen im Deutschen Taschenbuch Verlag, © 1975 Gisela Zoch-Westphal.

Marie Luise Kaschnitz (1901–1974): S. 57, aus: dies., Überall nie. Ausgewählte Gedichte 1928–1965, © 1965 Claassen Verlag in der Ullstein Buchverlage GmbH, Berlin.
Oliver Kohler: S. 87, 92f., 93, 95f., © beim Autor.

Eva-Maria Leiber: S. 89, 90, © bei der Autorin.

Conrad Miesen: S. 31, 33, © beim Autor.

Otto Hermann Pesch: S. 42, zit. nach: ders., Die zehn Gebote, Matthias-Grünewald-Verlag, Mainz. 1976.
Fritz Pleitgen: S. 6–8, mit freundlicher Genehmigung aus: „Thüringer Allgemeine" vom 13.11.1999, Seite UB6 (Reihe „Die Zehn Gebote": Fritz Pleitgen über das dritte Gebot „Du sollst den Feiertag heiligen").

Kurt Rose (1908–1999): U4 und S. 60 „Gottes Ruhetag" (Text), © Strube Verlag GmbH, München-Berlin.
Anton Rotzetter: S. 70f. „Die Unterbrechung der Arbeit" und S. 72–74 „Rückblick auf die Woche und Einstimmung", © Verlag am Eschbach / S. 86f. „Sonntag", aus: ders., Gott, der mich atmen lässt, © Verlag Herder GmbH, Freiburg im Breisgau / Anton Rotzetter, 17. Gesamtauflage 2002.

Martin Schmeisser: S. 72–78 „Begrüßung des Sonntags" (Liturgieentwurf und Textfassungen S. 75 unten und 76), © beim Autor.
Joachim Schwarz (1930–1998): S. 60 „Gottes Ruhetag" (Melodie), © Strube Verlag GmbH, München-Berlin.

Ju Sobing: S. 90f., 101f. © bei der Autorin.
Dorothee Sölle (1929–2003): S. 23, aus: Dorothee Sölle/Luise Schottroff, Den Himmel erden. Eine ökofeministische Annäherung an die Bibel, Deutscher Taschenbuch Verlag, München 1996 (dtv 30520, S. 89).
Christa Spilling-Nöker: S. 87f., 91, 94f., 99, 103, 114–117, © Verlag am Eschbach.
Hans-Jürg Stefan: S. 58–59, 61–67, © beim Autor.

Fulbert Steffensky: S. 104–113, aus: Ursula Roth u.a., Sonntäglich – Zugänge zum Verständnis von Sonntag, Sonntagskultur und Sonntagspredigt, © Don Bosco Verlag GmbH, München 2003.
Pierre Stutz: S. 88f., 96f., 97f., © Verlag am Eschbach.

Lisa Tarlan: S. 49.
Naftali Herz Tur-Sinai (1886–1972): S. 37f. (Übertragung von Ps 92), aus: ders., Die Heilige Schrift, © 4. Auflage 2003 by Hänssler Verlag, Holzgerlingen.

Jörg Zink: S. 20–22 (Übertragung Gen/1.Mos 1,1–2,4), S. 79–85 (Übertragung Ps 19, 36, 67, 104, 148), S. 85f., © Verlag am Eschbach. / S. 24–30, Evangelische Morgenfeier zum Thema: "Du sollst den Feiertag heiligen" (1. Mose 2,1-4), SWF, 18. Juni 1978, © beim Autor. / S. 102f., aus: ders., Aufrecht unter dem Himmel, S. 29, © Kreuz Verlag, Stuttgart 1994.

Hinweise

Weitere Texte und Anregungen zum Thema Sabbat/Sonntag finden Sie im Pocket „Lass meine Seele aufatmen“, herausgegeben von Martin Schmeisser, Monika und Andreas Pfeffer, Verlag am Eschbach, 2005, S. 39–70.
Einen Vorschlag „Den Sonntag als Familie feiern“, sowie zahlreiche andere Sonntagsideen enthält das große HausFamilienFesteFeierbuch von Claudia und Ulrich Peters „Dann wird das Leben wie ein Fest!“, Schwabenverlag / Verlag am Eschbach, 2007, S. 147ff. u.a.a.O.